Angela e Luciana Giussani

I mille volti di
DIABOLIK

OSCAR MONDADORI

I edizione Bestsellers Oscar Mondadori maggio 1996
Edizione su licenza

ISBN 88-04-40008-0

Questo volume è stato stampato
presso Mondadori Printing S.p.A.
Stabilimento N.S.M. - Cles (TN)
Stampato in Italia - Printed in Italy

Ristampe:

9 10 11 12 13 14 15

2002 2003 2004 2005

www.mondadori.com/libri

I mille volti di
DIABOLIK

IL GIALLO A FUMETTI

DIABOLIK

di A. e L. GIUSSANI

DIABOLIK, CHI SEI?

1

VERSO MEZZOGIORNO ALLA BANCA NAZIONALE DI CLERVILLE...
MANI IN ALTO!
SE FATE UNA MOSSA SPARO!
VOI METTETE-VI CONTRO IL MURO!
2

3

L'ALLARME E' A UN METRO DA ME... DEVO TENTARE DI RAGGIUNGERLO.

AAHH!!
RATA-TA-TA-TA-TA-TA
4

PRESTO SCAPPIAMO! FUORI AVRANNO SENTITO GLI SPARI!
HANNO SPARA-TO IN BANCA!
AIUTO!!
5

RAT-TA-TA-TA-TA
RAT-TA
BANG
BANG
6

MALEDIZIONE!
HANNO COLPITO LUCA... DOBBIAMO ABBANDONARLO, NON POSSIAMO FERMARCI.
SIAMO PERDUTI! PARLERA'...
L'UNICA NOSTRA SALVEZZA E' DI SPERARE CHE MUOIA.
7

NEL TARDO POMERIGGIO ALL'OSPEDALE...
GINKO, IL RAPINATORE E' MORTO.
SIAMO DISGRAZIATI! SPERAVO TANTO DI FARLO PARLARE.
QUESTA BANDA DI CRIMINALI STA TERRORIZZANDO TUTTO IL PAESE! E' LA TERZA RAPINA IN DUE MESI E OGNI VOLTA CI SONO STATI DEI MORTI E DEI FERITI.
CREDETE CHE SI TRATTI SEMPRE DELLE STESSE PERSONE?
8

NON C'E' DUBBIO! NESSUNO LI HA MAI VISTI IN FACCIA MA LA DESCRIZIONE DELLE CORPORATURE CORRISPONDE.. IL GUAIO E' CHE DEVE ESSERE GENTE INCENSURATA E TROVARLA DIVENTA DIFFICILISSIMO.
AD OGNI MODO, ANCHE SE MORTO, QUELL'UOMO E' SEMPRE UNA TRACCIA. I MIEI AGENTI L'HANNO FOTOGRAFATO ED ORA STANNO FACENDO LE RICERCHE.
9

ISPETTORE GINKO, VI VOGLIONO AL TELEFONO.
PRONTO... DITE, SERGENTE.
IN UN BAR DELLA PERIFERIA ABBIAMO TROVATO QUALCUNO CHE HA RICONOSCIUTO IL RAPINATORE... SI CHIAMA LUCA COEN E ABITA NEL VICOLO DEGLI ARMAIOLI AL 13.
10

A CASA SUA C'ERA LA MOGLIE... L'ABBIAMO PORTATA QUI.
VENGO SUBITO AD INTERROGARLA... L'UOMO E' MORTO, MA PER ORA NON DITELE NULLA.
POCO DOPO...
VI GIURO, ISPETTORE! IO NON SAPEVO NIENTE! MIO MARITO LAVORAVA IN OFFICINA E CREDEVO FOSSE ONESTO.
E NON TI SEI MAI DOMANDATA DA CHE PARTE VENIVA TUTTO QUEL DENARO?

LUCA MI DAVA SOLTANTO LA SUA BUSTA PAGA._ NON HO MAI VISTO UN SOLDO DI PIU'.
CHI ERANO I SUOI AMICI?
NON SAPEVO AVESSE AMICI._ STAVAMO SEMPRE DA SOLI.
BASTA CON LE MENZOGNE! TUO MARITO HA GIA' PARLATO E MI HA DETTO CHE ERI AL CORRENTE DI TUTTO!
NON E' VERO! NON PUO' AVERVI DETTO UNA COSA SIMILE... IO NON SAPEVO NIENTE, NIENTE!
12

PIU' TARDI...
ISPETTORE, HA DETTO QUALCOSA?
NO!_ UN'ORA DI INTERROGATORIO E HA CONTINUATO A RIPETERE CHE NON SAPEVA NULLA.
E NON E' SERVITO NEMMENO LO STRATAGEMMA DI DIRLE CHE SUO MARITO AVEVA GIA' PARLATO.
LE AVETE GIA' DETTO CHE E' MORTO?
13

CI PENSERA' IL SERGENTE A DIRGLIELO. POI VERRA' RILASCIATA, MA BISOGNA SORVEGLIARLA.
SE QUELLA DONNA HA MENTITO E CONOSCE I COMPLICI DI LUCA COEN, FINIRA' COL TRADIRSI E IO LI SCOPRIRO'
L'INDOMANI MATTINA DIABOLIK IN UN SUO RIFUGIO DI MONTAGNA...
UN'ALTRA RAPINA IN BANCA! 120 MILIONI DI BOTTINO._ QUELLA BANDA IN POCO TEMPO HA PRESO MEZZO MILIARDO.
14

PERO' QUESTA VOLTA HA LASCIATO UNA TRACCIA: UNO DI LORO E' STATO UCCISO DA UN POLIZIOTTO... ORA SO CHE LUCA COEN AVEVA MOGLIE...
... FORSE QUELLA DONNA SA CHI SONO I COMPLICI DEL MARITO E DOVE NASCONDONO IL BOTTINO.
MA QUI C'E' SCRITTO CHE LA POLIZIA HA INTERROGATO A LUNGO LA DONNA E POI L'HA RILASCIATA PROPRIO PERCHE' ERA ALL'OSCURO DELLA DOPPIA VITA DEL MARITO.
15

COSI' HA DETTO ELISA COEN! MA SE AVESSE MENTITO?... VOGLIO SORVEGLIARLA! PUO' DARSI CHE MI CONDUCA ALLA REFURTIVA E SONO 500 MILIONI IN CONTANTI!
DOBBIAMO ANDARE A CLERVILLE E VEDERE SE NEL VICOLO DEGLI ARMAIOLI C'E' UNA STANZA D'AFFITTARE. QUELLA DONNA VA TENUTA D'OCCHIO GIORNO E NOTTE, FAREMO I TURNI DI SORVEGLIANZA.
16

VA BENE, PARTIAMO! ME LO SENTIVO CHE LA VACANZA STAVA PER FINIRE... SIAMO QUI DA DIECI GIORNI E TU COMINCIAVI A STANCARTI...
EVA CARA! NON FARE IL BRONCIO.
TI PROMETTO CHE SE NON TROVO LA CAMERA IN AFFITTO RINUNCIO A TUTTO E TORNIAMO SUBITO QUI.
SAI BENISSIMO DI TROVARLA! IL VICOLO DEGLI ARMAIOLI E' PIENO DI PICCOLI ALBERGHI MALFAMATI... PAGANDO DI PIU' SI TROVA SEMPRE UNA STANZA.
17

INFATTI VERSO SERA...
CHE ORRIBILE CAMERA! NON HO MAI VISTO NIENTE DI PIU' SQUALLIDO.
HAI RAGIONE, EVA! MA SIAMO PROPRIO DIRIMPETTO ALL'APPARTAMENTO DI ELISA COEN.
DA QUI POSSIAMO OSSERVARE OGNI SUO MOVIMENTO.
18

QUESTO STRETTO VICOLO E` CHIUSO AL TRAFFICO DELLE AUTOMOBILI QUINDI QUELLA DONNA DOVRA' CAMMINARE A PIEDI ALMENO FINO IN FONDO ALLA STRADA E IO AVRO' TUTTO IL TEMPO DI SEGUIRLA.
ALBERGO
IN UNA CAMERA AL PIANO DI SOPRA ANCHE DUE AGENTI IN BORGHESE FANNO LA GUARDIA...
19

SONO LE OTTO! VADO A MANGIARE COSI' DOPO PUOI ANDARE TU.
IO PREFERISCO STAR QUI, PORTAMI DEI PANINI IMBOTTITI... TI CONFESSO CHE MI DÀ FASTIDIO INCONTRARMI COI CLIENTI DI QUESTO ALBERGO.
COME POLIZIOTTO VORREI ARRESTARLI TUTTI! SCOMMETTO CHE NON CE N'E' UNO CHE NON ABBIA DEI CONTI DA REGOLARE CON LA GIUSTIZIA.
PURTROPPO SIAMO IN MISSIONE E NON POSSIAMO SMASCHERARCI! DEL RESTO ALLA CENTRALE SANNO BENISSIMO CHE QUESTO E' UN AMBIENTE EQUIVOCO E OGNI TANTO FANNO DELLE RETATE.
20

GIA'... MA DOPO QUALCHE MESE TUTTO TORNA COME PRIMA._ APPENA FINITO DI SORVEGLIARE ELISA COEN DOVREMO OCCUPARCI SERIAMENTE DI QUESTO ALBERGO.
IO VADO, TORNO IL PIU' PRESTO POSSIBILE.
UNA SETTIMANA DOPO....
ECCO, ELISA COEN ESCE! DEVO METTERMI LA MASCHERA E SEGUIRLA.
21

ORMAI SONO PARECCHI GIORNI CHE ESCE SEMPRE ALLE DIECI DEL MATTINO.. SECONDO ME POTRESTI FARE A MENO DI SEGUIRLA, TANTO SAI GIA` CHE VA A FARE LA SPESA.
OGNI MATTINA PUO` ESSERE LA VOLTA BUONA.
22

INTANTO NELLA STANZA DEI DUE AGENTI...
ATTENZIONE! CHIAMO AUTO NUMERO DIECI! – LA DONNA E' USCITA DI CASA COME AL SOLITO, FRA POCO ARRIVERA' SUL VIALE PRINCIPALE.
RICEVUTO! LA PEDINIAMO.
IO COMINCIO A CREDERE CHE ELISA COEN NON ABBIA NESSUN CONTATTO CON LA BANDA.
23

TAXI
ECCOLA!.. STAMATTINA TOCCA A ME FARE LA CAMMINATA PER SEGUIRLA.
FERMATI! SI STA DIRIGENDO AL POSTEGGIO DEI TAXI... SI'... NE STA PRENDENDO UNO!
24

ANCHE DIABOLIK HA UN LEGGERO SUSSULTO...
HA PRESO UN TAXI... FORSE CI SIAMO!
TAXI
DOVE VI PORTO?
SEGUITE QUEL TAXI CHE E' APPENA PARTITO CON A BORDO UNA DONNA BION-DA!
25

MANTENETE UNA CERTA DISTANZA, NON VOGLIO CHE SI ACCORGA DI ESSERE PEDINATA._ E' LA MIA RAGAZZA E HO IL SOSPETTO CHE SE LA INTENDA CON UN ALTRO.
STATE TRANQUILLO, NON SI ACCORGERA' DI NULLA._ NON E' LA PRIMA VOLTA CHE SEGUO QUALCUNO.
POCO DOPO...
ECCO! S'E' FERMATA DAVANTI A QUEL VILLINO!
26

ORA CHE AVETE VISTO DOVE E' ANDATA POSSIAMO TORNARE INDIETRO?
NON QUI: DALLA CASA POTREBBERO VEDERE LA MANOVRA E INSOSPETTIRSI._ PROSEGUITE, VOLTEREMO DOPO LA PRIMA CURVA.
INTANTO GLI AGENTI....
AUTO DIECI CHIAMA CENTRALE._ ELISA COEN E' ENTRATA IN UNA VILLETTA SUL VIALE DELL'AEROPORTO._ ADESSO PASSIAMO DAVANTI ALLA CASA E GUARDIAMO IL NUMERO.
27

RICEVUTO._ RESTIAMO IN ASCOLTO.
PRENDI L'ELENCO TELEFONICO E CERCA VIALE DELL' AEROPORTO.
CREDO DI NON ESSERMI SBAGLIATO... ELISA COEN E' IN CONTATTO CON LA BANDA.
IL NUMERO DELLA CASA E' 72._ PASSO.
28

ISPETTORE, IN VIALE DELL'AEROPORTO 72 ABITA L'AVVOCATO DIEGO MANDEN.
ALLORA E' TUTTO CHIARO! LA DONNA S'E' RIVOLTA A LUI PER AFFARI DI CARATTERE LEGALE!
PUO' DARSI...MA VORREI ESSERNE SICURO.
PORTAMI TUTTE LE INFORMAZIONI POSSIBILI SU QUELL'AVVOCATO!
VA BENE, ISPETTORE!
29

NEL FRATTEMPO AL VILLINO...
HAI VISTO, DIEGO? HO SOSTENUTO UN LUNGO INTERROGATORIO SENZA TRADIRMI...
SEI STATA IN GAMBA, ELISA! QUANDO ABBIAMO LETTO SUL GIORNALE CHE ERI STATA RILASCIATA PERCHÈ ESTRANEA AI FATTI, CI SIAMO SENTITI MOLTO SOLLEVATI.
PER UNA SETTIMANA SONO STATA TRANQUILLA, QUASI SEMPRE CHIUSA IN CASA, MA ORA HO BISOGNO DI SOLDI... LA PARTE DI LUCA MI SPETTA E LA VOGLIO.
L'AVRAI MA NON ADESSO, SAREBBE UN'IMPRUDENZA.
30

LA NOSTRA FORZA E' STATA PROPRIO QUELLA DI NON TOCCARE IL DENARO DELLE RAPINE E NON HO INTENZIONE DI CAMBIARE SISTEMA. FRA DUE O TRE MESI TI POTRO' DARE QUALCOSA.
SEI PAZZO?... MI SPETTANO CENTO MILIONI E DEVO VIVERE IN MISERIA?
CERCATI UN LAVORO..
RICORDATI CHE HO SPOSATO LUCA PROPRIO PERCHE' NON VOLEVO PIU' LAVORARE.
31

NON ESSERE STUPIDA! SI TRATTA DI POCO TEMPO E PUOI ANCHE SACRIFICARTI.
ORA VATTENE! E NON VENIRE PIU' QUI A SECCARMI!
DIABOLIK GIUNGE ALL'ALBERGO...
OH, FINALMENTE SEI QUI! COME MAI SEI STATO FUORI PIU' DEL SOLITO?
STAMATTINA ELISA COEN NON HA FATTO COMPERE... HA PRESO UN TAXI ED E' ANDATA IN CASA DI QUALCUNO.
32

HO GIA' GUARDATO SULL'ELENCO TELEFONICO, SI TRATTA DI UN CERTO AVVOCATO DIEGO MANDEN.
SARA' IL SUO AVVOCATO.
PUO' DARSI.... MA POTREBBE ESSERE ANCHE UNO DELLA BANDA.
QUESTA NOTTE ANDRO' A DARE UN'OCCHIATA IN QUELLA CASA.
33

PIU' TARDI ALLA POLIZIA...
ISPETTORE, HO LE INFORMAZIONI SULL'AVVOCATO MANDEN._ NON RISULTA NIENTE A SUO CARICO, PERO' E' QUOTATO POCHISSIMO NELL'AMBIENTE, E QUINDI HA POCHI CLIENTI.

FA UNA VITA DISPENDIOSA?
NO: VIVE PIUTTOSTO MODESTAMENTE._ QUELLA VILLETTA L'HA EREDITATA DUE ANNI FA DA UNA ZIA E NON POSSIEDE ALTRO._ FREQUENTA QUASI OGNI SERA LA "STELLA D'ARGENTO" UN LOCALE DI TERZO ORDINE CHE HA PREZZI BASSI.
34

PARE SE LA INTENDA CON LA CANTANTE, UNA CERTA GIANNA CLINER, SU CUI NON C'E' NIENTE DA DIRE, ANCHE SE NON E' UNO STINCO DI SANTO.
HO CAPITO... DIEGO MANDEN E' UN UOMO QUALUNQUE.
MA LO E' VERAMENTE?_ OPPURE E' TANTO FURBO DA MASCHERARE CON UNA VITA MEDIOCRE LE SUE RAPINE E I SUOI DELITTI?
35

VORREI PERQUISIRE QUELLA CASA...
MA ISPETTORE, NON ABBIAMO NEMMENO UN INDIZIO CONTRO QUELL'UOMO... NON POSSIAMO FARE UNA PERQUISIZIONE.
LO SO... EPPURE IO SENTO CHE E' COLPEVOLE.
HAI DETTO CHE ESCE TUTTE LE SERE?
SI'... VERSO MEZZANOTTE VA ALLA "STELLA D'ARGENTO"! A QUELLA ORA LA SUA RAGAZZA FA IL NUMERO, LUI L'ASCOLTA CANTARE E POI VANNO A CENA INSIEME.
36

QUESTA NOTTE ENTRERO' IN QUELLA VILLETTA E FARO' LA PERQUISIZIONE CHE NON POSSO FARE UFFI-CIALMENTE.
VENGO CON VOI!
NO, SERGENTE! LA RESPONSABILITA' DI QUE-STA AZIONE IRREGOLA-RE DEVE ESSERE SOLTANTO MIA! ORA POTETE ANDARE!
AGLI ORDINI, ISPET-TORE.
37

QUELLA NOTTE...
ECCO: STA USCENDO... ADESSO POSSO AVVICINARMI ALLA CASA.
CON LA CHIAVE UNIVERSALE APRIRO' LA PORTA E NESSUNO SI ACCORGERA' MAI DELLA MIA ENTRATA.
38

NEL MEDESIMO ISTANTE DIABOLIK...
E' TUTTO BUIO! DIEGO MANDEN E' GIA' ANDATO A DORMIRE.
39

CON LA CHIAVE UNIVERSALE ENTRERO' SENZA FARE IL MINIMO RUMORE... ARRIVERO' FINO IN CAMERA DELL'AVVOCATO E LO NARCOTIZZERO'; COSI' POTRO' PERQUISIRE LA CASA TRANQUILLAMENTE.
40

41

DIABOLIK!
E IO CHE CRE-
DEVO FOSSE UN
ALTRO POLIZIOTTO!
DIABOLIK E GINKO
SONO VENUTI QUI...
42

PETER, FUGGIAMO! ORMAI SIAMO STATI SCOPERTI...
TOMMY HA RAGIONE! DOBBIAMO SALVARCI INTANTO CHE SIAMO IN TEMPO!
IMBECILLI! NON CAPITE CHE QUEI DUE SONO ENTRATI IN QUESTA CASA PER FARE UNA PERQUISIZIONE? - QUESTO SIGNIFICA CHE AVEVANO SOLTANTO DEI SOSPETTI E NON IMMAGINAVANO CHE TUTTA LA BANDA FOSSE NASCOSTA QUI, ALTRIMENTI AVREBBERO AGITO CON DECISIONE.
43

GINKO CI AVREBBE ARRESTATO! - DIABOLIK CI AVREBBE UCCISO!
MA SE L'ISPETTORE NON RIENTRERA' ALLA CENTRALE AVREMO ADDOSSO TUTTA LA POLIZIA.
E NOI L'ASPETTEREMO! GINKO E' UN OSTAGGIO SICURO! - SE QUALCUNO DI VOI VUOLE ANDARSENE, FACCIA PURE! IO NON SCAPPO SENZA SOLDI!
GIA'... DIEGO HA LA CHIAVE DELLA CASSAFORTE, NOI NON POSSIAMO PRENDERE IL DENARO.
44

PORTATE IN CANTINA GINKO E DIABOLIK!
TOMMY, TU RESTA DI GUARDIA! SE VIENE ANCORA QUALCUNO COLPISCILO.
UN MOMENTO! GINKO CI SERVE DA OSTAGGIO, MA DIABOLIK POSSIAMO UCCIDERLO SU-BITO!
ASPETTA! HO IN MENTE UN ALTRO PIANO, DOPO TE LO DICO! ORA DEVO TELEFO-NARE ALLA "STELLA D'ARGENTO" E AVVI-SARE DIEGO DI TORNARE IMME-DIATAMENTE.
45

POCO DOPO NELLO SCANTINATO...
OH...CHE MALE ALLA TESTA...
MALEDETTI! ERANO NASCOSTI TUTTI QUI E IO SONO CADUTO IN TRAPPOLA...
ACCIDENTI! COME SONO STORDITO...
46

C'E' QUALCUNO CON ME...
DIABOLIK!!
47

GINKO!!!
SPERO CHE QUEI BANDITI TI UCCIDANO! SONO DISPOSTO A PROMETTERE UNA RIDUZIONE DELLA PENA SE TI AMMAZZANO.
48

NON ESSERE INGENUO! SAI BENISSIMO CHE NESSUNO CREDE ALLE PROMESSE DI UN POLIZIOTTO. QUELLA E' GENTE PIUTTOSTO FURBA, INFATTI CI HANNO MESSO IN TRAPPOLA TUTTI E DUE...
... PERO' NON SI SONO ACCORTI CHE IO AVEVO LEGATA AL COLLO UNA MINUSCOLA RADIO TRASMITTENTE E RICEVENTE... CE L'HO ANCORA!
49

COL MENTO POSSO PREMERE IL PULSANTE DEL CONTATTO._ EVA MI SENTIRA' E VERRA' A LIBERARMI.
EVA, SONO PRIGIONIERO! ORA TI SPIEGO QUELLO CHE DEVI FARE._ MI SENTI?
EVA! RISPONDI!
50

MALEDIZIONE!
LA RADIO E` ROTTA!
IL MIO SERGENTE SA CHE VENIVO IN QUESTA CASA_ SICURAMENTE QUANDO VEDRA` CHE NON TORNO FARA` IRRUZIONE E ALLORA SARAI SPACCIATO!
51

INTANTO AL PIANO DI SOPRA...
CHE SCALOGNA! QUANDO HO TELEFONATO ALLA "STELLA D'ARGENTO" DIEGO ERA APPENA USCITO! ORA AVRO' GIA' TELEFONATO A UNA VENTINA DI TRATTORIE E NESSUNO L'HA VISTO!
HAI PROVATO A CASA DI GIANNA?
CERTO! MI CREDI STUPIDO?_ NON C'E' NEMMENO LI'; NON RISPONDE NESSUNO._ SONO FUORI INSIEME.
ASCOLTA, PETER! PUO' DARSI CHE DIEGO TORNI DOMATTINA.._ IO NON ME LA SENTO DI ASPETTARE TANTO...
52

E VATTENE!
SI, ME NE VADO! MA COI SOLDI.
COSA VUOI FARE?
APRIRE LA CASSAFORTE CON LA FIAMMA OSSIDRICA.
NOI SIAMO D'ACCORDO CON TOMMY!
IN UN'ORA CE LA FACCIAMO! LAVOREREMO IN TRE, IL QUARTO STARÀ DI GUARDIA.
VA BENE, ANDIAMO A PRENDERE GLI ATTREZZI.
53

PETER, PERCHE` NON VUOI UCCI-DERE DIABOLIK?
CERTO CHE LO VOGLIO UCCIDERE, MA CONTEMPORA-NEAMENTE A GINKO!
PRIMA DI ANDARCENE DA QUI PUGNALERO' L'ISPETTORE E SPARE-RO' A DIABOLIK.
54

QUANDO LA POLIZIA LI TROVERA', PENSERA' CHE DIABOLIK AVEVA PRESO IL POSTO DI DIEGO E CHE L'ISPETTORE L'AVEVA SCOPERTO._ NATURALMENTE LA LOTTA E' FINITA CON LA MORTE DI TUTTI E DUE!
UNO E' SVELTO CON LA PISTOLA, MA L'ALTRO E' ALTRETTANTO SVELTO COL PUGNALE!
BUONA IDEA, PETER! DIEGO NON SARA' MAI PIU' CERCATO PERCHE' LO CREDERANNO ASSASSINATO DA DIABOLIK.
55

DEVO AMMETTERE CHE IL PIANO E' OTTIMO!
...E LO METTERANNO IN PRATICA, SONO DEGLI ASSASSINI COME TE!
NON AVREI MAI IMMAGINATO CHE IL DESTINO CI RISER-VASSE DI MORIRE INSIEME.
NON M'IMPOR-TA DI MORIRE, PERCHE' SO CHE UC-CIDERANNO ANCHE TE!
56

ERO CERTO CHE AVRESTI PARLATO COSI'... SEI SEMPRE STATO PRONTO A SACRIFICARE LA VITA PUR DI DISTRUGGERMI.
SI'... HO LOTTATO CONTRO DI TE CON TUTTE LE MIE FORZE... DEVO AMMETTERE CHE CERTE VOLTE HO PERSINO CREDUTO DI COMBATTERE UN **CRIMINALE FANTASMA**.
57

NOI STIAMO PER MORIRE E ... QUESTO E` IL MOMENTO DELLA VERITA`.....
DIABOLIK, CHI SEI?
NON SO CHI SONO.
58

QUALCUNO MI HA RACCONTATO CHE IN UN'ALBA LIVIDA DI AUTUNNO...
GUARDA! LAGGIU' C'E' UNA BARCA.
PRENDIAMO IL MOTOSCAFO E ANDIAMO A VE-DERE!
FACCIAMO IN FRETTA! FRA POCO AVREMO UN'ALTRA BURRASCA.
59

SONO DEI NAUFRAGHI! ...MI SEMBRANO TUTTI MORTI.
60

QUALCUNO RESPIRA ANCORA! MA SONO MORIBONDI...
61

ACCIDENTI! QUI C'E' UN BAMBINO!
E' VIVO!
SPICCIATI, VIENI SUL MOTOSCAFO! LA TEMPESTA SI AVVICINA! ABBANDONIAMO LA SCIALUPPA E TORNIAMO INDIETRO, ALTRIMENTI SARA' TROPPO TARDI.
62

MI CHIEDO SE VALEVA LA PENA DI RISCHIARE LA PELLE PER QUE- STO BAMBINO...
QUEL BAMBINO ERO IO._ MI DISSERO CHE AVEVO CIRCA UN AN- NO E CHE FUI POR- TATO SULL'ISOLA IN FIN DI VITA, MA IL DESTINO VOLLE CHE SOPRAVVIVESSI.
63

...RICORDO SPESSO QUELL'ISOLA... AVEVA UNA MONTAGNA ROCCIOSA NEL CENTRO E DELLE GRAZIOSE VILLETTE IN RIVA AL MARE...
...ERA ABITATA DA UNA TRENTINA DI PERSONE CHE VENIVANO DA OGNI PARTE DEL MONDO...
64

NESSUNO DI LORO SI OCCUPO' DI ME IN PARTICOLARE._ VIVEVO ORA IN UNA CASA, ORA IN UN'ALTRA FRA L'INDIFFERENZA DI TUTTI._ MI PIACEVA MOLTO STA-RE ALL'APERTO...
...MI TUFFAVO DA ALTI SCOGLI...
....E RAGGIUNGEVO PRO-FONDITA' SEMPRE MAGGIORI.
65

... SCALAVO LA MONTAGNA ROCCIOSA...
...E NE ESPLORAVO LE GROTTE.
MOLTO RAPIDAMENTE IMPARAI LE VARIE LINGUE CHE SI PARLAVANO SULLA ISOLA._ AVEVO CIRCA 6 ANNI QUANDO QUELLA GENTE COMINCIO` AD INTERESSARSI DI ME E M'INSEGNARONO A LEGGERE E A SCRIVERE.
66

...CHI ERA QUELLA GENTE E COSA FACEVA LI`? LO CAPII QUALCHE ANNO DOPO... L'ISOLA APPARTENEVA A UN CERTO KING, CAPO DI UNA GROSSA ORGANIZZAZZIONE CHE OPERAVA IN TUTTO IL MONDO...
... CONTRABBANDAVA ORO, PIETRE PREZIOSE, DROGA, VALUTA, ARMI, QUADRI E RICETTAVA GROSSE REFURTIVE DI GIOIELLI... TUTTI QUEGLI UOMINI LAVORAVANO PER LUI...
67

...IL DOTTOR LOPEZ FACEVA PLASTICHE FACCIALI ALLE PERSONE CHE AVEVANO BISOGNO DI CAMBIARE VOLTO...
...L'INGEGNER SUANDA PROGETTAVA NUOVI MOTORI D'AUTOMOBILI E CARROZZERIE CON NASCONDIGLI INTROVABILI...
68

...IL PROFESSOR WOLF NEL SUO LABORATORIO DI CHIMICA STUDIAVA UNA NUOVA LAVORAZIONE DELLA PLASTICA...
...CEN-FU ERA ESPERTO DI VELENI CHE NON LASCIAVANO TRACCIA...
...DEMPUR ERA UN BRAVISSIMO TAGLIATORE DI PIETRE PREZIOSE.
69

GLI UOMINI CHE MI AVEVANO RACCOL-TO ERANO DUE GUARDIANI... VENNE-RO VERSO LA SCIALUPPA NON PER PORTARE SOCCORSO MA PERCHE' AVEVANO L'ORDINE DI CONTROLLA-RE TUTTE LE IMBARCAZIONI CHE SI AVVICINAVANO ALLA COSTA.

GLI ANNI PASSAVANO... KING ORMAI VENIVA SULL'ISOLA OGNI DUE O TRE MESI E SI FERMAVA POCHI GIORNI_ IO LO VEDEVO DI RADO.._ AVEVO 22 ANNI QUANDO ENTRAI PER LA PRIMA VOLTA IN CASA SUA...
VIENI AVANTI! TI HO MANDATO A CHIAMARE PERCHÈ VOGLIO CHIACCHIERARE CON TE.. NON AGITARTI.
71

SONO TRANQUILLISSIMO!
LO VEDO!
DI SOLITO QUELLI CHE VENGONO DA ME HANNO PAURA... SPECIALMENTE QUANDO LI MANDO A CHIAMARE.
MA TU SEI DIVERSO... INFATTI I MIEI UOMINI MI HANNO PARLATO DI TE COME DI UN ESSERE ECCEZIONALE.. DICONO CHE TU SAPPIA FARE TUTTO QUELLO CHE FANNO LORO E... SONO IN GAMBA.
72

E' VERO! HO IMPARATO TUTTO.
GIA'... ED ORA PASSI GIORNO E NOTTE NEL LABORATORIO DI CHIMICA.
IL PROFESSOR WOLF MI HA DETTO CHE STAI FACENDO DEGLI STUDI INTERESSANTI... SIEDITI E PARLAMI DI QUELLE MASCHERE DI PLASTICA A CUI STAI LAVORANDO.
73

E' PREMATURO PARLARNE... STO FACENDO DEGLI ESPERIMENTI PER RIDURRE LA PLASTICA SOTTILE E TRASPARENTE COME LA PELLE UMANA, MA PER ORA SONO ANCORA LONTANO DAL SUCCESSO.
E COSI' UN UOMO POTREBBE CAMBIARE VOLTO IN POCHI SECONDI?
ESATTO! MA NON E' TUTTO... FORSE SI PUO' ARRIVARE ANCHE A UNA MASCHERA CHE RIPRODUCA LE SEMBIANZE DI UNA ALTRA PERSONA.
74

PROSEGUI I TUOI STUDI SENZA BADARE A SPESE.. TI METTERO' A DISPOSIZIONE TUTTO QUELLO CHE VUOI.
IO TORNERO' SULL'ISOLA FRA TRE MESI E AVREMO UN ALTRO COLLOQUIO.. ARRIVEDERCI.
ARRIVEDERCI.
OGNI VOLTA CHE KING VENIVA SULL'ISOLA MI MANDAVA A CHIAMARE E IO LO METTEVO AL CORRENTE DEI MIEI ESPERIMENTI..
75

FU UN ANNO DOPO IL NOSTRO PRIMO INCONTRO CHE GLI PORTAI UNA MASCHERA....
INCREDIBILE! E' UNA SCOPERTA COLOSSALE!
PENSI DI POTER ARRIVARE ANCHE ALLE SOMIGLIANZE?
CREDO DI SI', HO GIA' FATTO UNA PROVA...
76

E NON ME L'HAI PORTATA DA VEDERE?
E' ANCORA PRESTO.
IL PROFESSOR WOLF MI HA DETTO CHE NESSUNO PUO' LEGGERE I TUOI APPUNTI, PERCHE' HAI USATO UN CIFRARIO.
QUESTA INVENZIONE APPARTERRA' SOLTANTO A ME!
HO CAPITO! TI SENTI IL PIU' FORTE E VUOI APPROFITTARNE... AMMETTO CHE LA TUA SCOPERTA M'INTERESSA MOLTO, QUINDI TI FARO' UNA PROPOSTA.
77

CONSEGNAMI LE FORMULE E I PROCESSI DI LAVORAZIONE DELLE MASCHERE E DIVENTERAI IL MIO UOMO DI FI-DUCIA.._QUESTO SIGNIFICA CHE IN MIA ASSENZA SARAI TU IL CAPO DEL-L'ISOLA!
ANDIAMO NEL MIO APPAR-TAMENTO SOTTERRANEO, TI VOGLIO MOSTRARE PA-RECCHIE COSE.
78

IL PASSAGGIO SEGRETO SI APRE PER MEZZO DI UNA CELLULA FOTOELETTRICA._ MOLTI ANNI FA ERO UNO DEI POCHI AD AVERE UN IMPIANTO DEL GENERE.
SO CHE ANCHE TU HAI STUDIATO DEI CONGEGNI INTERESSANTI.
SI' NE HO PROGETTATI DI ELETTRICI E DI MECCANICI.
79

ORA VEDRAI LA MIA CA-MERA BLINDA-TA.
TU SEI LA PRI-MA PERSONA CHE ENTRA QUI DEN-TRO, COME VEDI TI CONSIDERO GIA' IL MIO UOMO DI FI-DUCIA.
TUTTI ALL'ISOLA SAN-NO CHE SONO MOLTO RICCO, MA NON IMMAGI-NANO QUANTO! QUI C'E' ORO, DENARO DI TUTTE LE PARTI DEL MONDO E QUELLE VALIGETTE SONO PIENE DI PIETRE PRE-ZIOSE.
80

MA LA RICCHEZZA NON MI BASTA PIU'! VOGLIO IL POTERE!
E TU ARRIVERAI AL COMANDO CON ME! INSIEME RAGGIUNGEREMO IL DOMINIO DI UNA BUONA PARTE DEL MONDO.
SEI TROPPO INTELLIGENTE PER NON AVER CAPITO CHE DA QUEST'ISOLA NESSUNO PUO' FUGGIRE... I MIEI FEDELISSIMI UOMINI LO UCCIDEREBBERO... TI CONVIENE ACCETTARE LA MIA PROPOSTA E SVELARMI LA TUA SCOPERTA.
81

VA BENE! CONSEGNERO' LE FORMULE.
LO SAPEVO CHE AVRESTI ACCETTATO.
QUANDO SAPRO' IL SUO SEGRETO LO UCCIDERO'.
VIENI NEL MIO STUDIO.
82

QUESTA STANZA E' STATA COSTRUITA DA GENTE CHE ORA GIACE IN FONDO AL MARE._ I LORO CORPI SONO DENTRO A BLOCCHI DI CEMENTO... NESSUNO LI TROVERA' MAI.
CON QUESTO IMPIANTO TELEVISIVO IO POSSO CONTROLLARE TUTTI GLI ABITANTI DELL'ISOLA E OSSERVARE LA SUPERFICIE DEL MARE._ SE QUALCUNO SI AVVICINASSE LO VEDREI IMMEDIATAMENTE.
83

QUESTA SEDIA MASCHERA UNA BOTOLA CHE MI CONDUCE DIRETTAMENTE AL PORTICCIOLO DOVE E' SEMPRE PRONTO IL MIO PICCOLO SOMMERGIBILE... POSSO SPARIRE SENZA CHE NESSUNO SE NE ACCORGA.
UNA PANTERA NERA!
84

L'HO UCCISA IO E L'HO FATTA IMBALSAMARE._ QUESTA BESTIA AVEVA SEMINATO IL TERRORE NELL'ISOLA.
ERA UNA BELVA ASTUTA E FEROCE._ ATTACCAVA DI NOTTE E LA SUA PELLE NERA LA RENDEVA INVISIBILE NEL BUIO._ SI AVVICINAVA SILENZIOSA ALLA SUA VITTIMA E LE PIOMBAVA ADDOSSO SENZA CHE SE NE ACCORGESSE.
85

I SUOI DENTI ERANO PUGNALI AFFILATISSIMI... COLPIVA E FUGGIVA CON LA RAPIDITA' DEL FULMINE.
LA CHIAMAVANO DIABOLIK.
MOLTI TENTARONO D'AMMAZZARLA... IO SOLO CI SONO RIUSCITO.
86

POCO DOPO LASCIAI LA CASA DI KING._ L'INDOMANI AVREI DOVUTO PORTARGLI LE FORMULE DELLA MASCHERA DI PLASTICA._ AVEVO CAPITO CHE SUBITO DOPO LA CONSEGNA MI AVREBBE UCCISO.
QUELLA STESSA NOTTE ANDAI SULLA SCOGLIERA...
NUOTERO' SOTT'ACQUA E ARRIVERO' AL PORTICCIOLO...
87

NON MI SARA' DIFFICILE SCOPRIRE IL PUNTO DOVE SBUCA LA BOTOLA CHE COMUNICA COL SOTTERRANEO DI KING.
88

L'APERTURA DOVREBBE ESSERE SU QUESTA PARETE.
ECCO! QUI C'E' UNA GROTTA.
89

KING MI HA DETTO CHE AVEVA UNA RIUNIONE CON ALCUNI DEI SUOI UOMINI... DI SOLITO DISCUTONO FINO A TARDA NOTTE: IL SOTTERRANEO DOVREBBE ESSERE DESERTO.
COL MIO SENSIBILISSIMO MICROFONO POTRO' SENTIRE SE C'E' QUALCUNO NELLA STANZA.
QUESTO APPARECCHIO MI SEGNALA ANCHE IL RESPIRO DI UNA PERSONA.
90

SILENZIO ASSOLU-
TO... POSSO EN-
TRARE.
SENTO DEI PAS-
SI... HO FATTO
APPENA IN TEMPO-
PO... KING STA
ARRIVANDO.
91

92

AAHH!
TU!! MI HAI COLPITO... COME... LA PANTERA...
93

...COME
DIABOLIK.

ANCHE TU VOLEVI UCCIDERMI, MA IO SONO ARRIVATO PRIMA DI TE.
NON RIUSCIRAI MAI... A FUGGIRE DA QUI...
94

TI SBAGLI! APRI GLI OC-CHI E GUAR-DAMI!
MALEDETTO... HAI FATTO LA MASCHERA DEL MIO VOLTO...
IL MIO PRIMO ESPERIMENTO SUL-LE SOMIGLIANZE L'HO DEDICATO AL CAPO.
95

ORA PRENDERO' I TUOI VESTITI ED ORDINERO' DI IMBARCARE SUL PANFILO TUTTO QUELLO CHE C'E' NELLA CAMERA BLINDATA. I TUOI UOMINI SONO ABITUATI AD UBBIDIRTI SENZA DISCUTERE E IO ME NE ANDRO' DALL'ISOLA.
DOMATTINA TUTTI SI ACCORGERANNO DELLA MIA MANCANZA E CAPIRANNO QUELLO CHE E' SUCCESSO, MA SARA' TROPPO TARDI._ IO SARO' GIA' LONTANO.
E' MORTO! NON PUO' PIU' SENTIRMI.
96

LASCIAI L'ISOLA E GIRAI IL MONDO._ HO IMPARATO A CONO-SCERLO SOTTO TUTTI GLI ASPET-TI... DECISI DI RIMANERE SOLO...
SOLO CONTRO TUTTO E CONTRO TUTTI!
97

SENTO DEI RUMORI... SI'... QUALCUNO SCENDE LE SCALE... E' GIUNTA L'ORA.
IL GENIO DEL MALE SCOMPARE DALLA TERRA!
98

GINKO, ANCHE QUANDO IO SARO' SCOMPARSO LA LOTTA FRA LA LEGGE E CHI E' CONTRO LA LEGGE CONTINUE-RA' FINO ALLA FINE DEI SECOLI.
IN QUEL MOMENTO LA PORTA SI SPALANCA...
99

EVA!!
COME HAI SAPUTO?... LA RADIO E' ROTTA.
MA IO TI HO SENTITO... LA TUA RADIO TRASMETTEVA BENISSIMO, PURTROPPO NON RICEVEVA.
100

MA QUELLO E'... GINKO!
PRESTO, SLEGAMI! IL SUO SERGENTE SA CHE E' QUI, LA POLIZIA POTREBBE ARRIVARE DA UN MOMENTO ALL'ALTRO.
EVA, COME HAI POTUTO ENTRARE IN QUESTA CASA SENZA ESSERE SCOPERTA?
QUANDO HO SENTITO CHE ERI PRIGIONIERO HO INTUITO SUBITO CHE TUTTA LA BANDA ERA NASCOSTA NEL VILLINO, QUINDI NON POTEVO AVVICINARMI...
101

DOVEVO AGIRE A DISTANZA E SONO CORSA AL RIFUGIO A PRENDERE I PICCOLI RAZZI TELECOMANDATI CHE AVEVI COSTRUITO QUALCHE MESE FA... HO USATO QUELLI COL NARCOTICO, TEMEVO CHE TU FOSSI VICINO A QUEGLI UOMINI.
PROPRIO IL PIANO CHE VOLEVO SPIEGARTI PER RADIO!
ORMAI FRA NOI DUE LE SPIEGAZIONI NON OCCORRONO PIU'.
102

TI LASCIO IL PUGNALE! QUANDO TI SARAI LIBERATO IO SARO' GIA' LONTANO.
MALEDETTO!!
103

NEL FRATTEMPO ALLA POLIZIA...
SONO QUASI DUE ORE CHE L'ISPETTORE E' ANDATO IN QUEL-LA CASA...

STRANO CHE LA PERQUISIZIONE DU-RI TANTO TEMPO.

SONO PREOCCUPATO... DEVO PRENDERE DE-GLI UOMINI E AN-DARE A VE-DERE.
104

PRESTO, IN AUTO! ANDIAMO IN VIALE DELL'AEROPORTO AL 72.
SERGENTE, COS'E' SUCCESSO?
SPERO NIENTE!
L'ISPETTORE GIN-KO E' LA' DA DUE ORE CIRCA E NON HA DATO NESSUNA NOTIZIA.
105

HA VOLUTO FARE UN SOPRALLUOGO IN CASA DI DIEGO MANDEN._ L'OPERAZIONE DOVEVA RIMANERE SEGRETA, MA TEMO CHE GLI SIA SUCCESSO QUALCOSA._ SE IL NOSTRO INTERVENTO RISULTERA' INUTILE, IO DOVRO' DARE LE DIMISSIONI.
QUANDO SAREMO IN PROSSIMITA' DEL VILLINO CI FERMEREMO E PROSEGUIREMO A PIEDI.
106

INFATTI, POCO DOPO...
CIRCONDIAMO LA CASA SENZA FARCI NOTARE!
AGLI ORDINI, SERGENTE!
LE PERSIANE SONO CHIUSE E C'E' UN GRAN SILENZIO... SEMBRA TUTTO NORMALE.
FORSE L'ISPETTORE E' GIA' ANDATO VIA.
107

SERGENTE, LA PORTA E' SOC-CHIUSA!
ENTRIAMO!
ACCENDI LA LUCE!
ACCIDENTI! ME LO SENTIVO CHE ERA SUCCESSO QUAL-COSA!
108

NON E' MORTO... SEMBRA ADDORMENTATO.
ISPETTORE! ISPETTORE, DOVE SIETE?
ALTRI TRE UOMINI!
E' LA BANDA DEI RAPINATORI CHE CERCAVAMO!
109

MENO MALE, ISPETTORE! NON VI E' ACCADUTO NULLA....
GIA'... NON E' ACCADUTO NULLA.
I VOSTRI SOSPETTI ERANO FONDATI! DIEGO MANDEN E' COLPEVOLE!
DIEGO MANDEN E' L'UNICO CHE NON E' QUI! TELEFONATE SUBITO ALLA CENTRALE DI RICERCARLO... DEVONO FARE ATTENZIONE, E' PERICOLOSO!
110

METTETE LE MANETTE A QUEGLI UOMINI E POI CHIAMATE IL FURGONE DEL CELLULARE.
SI RISVEGLIERANNO IN GALERA!

ISPETTORE, COME MAI SIETE VENUTO QUI CON DEL GAS NARCOTICO?_ SOSPETTAVATE GIA' CHE C'ERA TUTTA LA BANDA?
QUEGLI UOMINI SONO STATI ADDORMENTATI DA EVA KANT.
COSA?!... MA ALLORA C'ENTRA DIABOLIK!
ANCHE LUI HA AVUTO I MIEI STESSI SOSPETTI ED E' VENUTO QUI.. CERCAVA IL DANARO RAPINATO_
112

GUARDATE! QUEL CRIMINALE HA APERTO LA CASSAFORTE CON LA FIAMMA OSSIDRICA E HA RUBATO TUTTO!
SI; HA RUBATO TUTTO MA LE COSE SONO ANDATE DIVERSAMENTE.
ISPETTORE, IN OGNI STANZA ABBIAMO TROVATO UNO DI QUESTI.
I PICCOLI RAZZI TELECOMANDATI.
113

ORA CAPISCO COME SONO ENTRATI ANCHE SE LE PERSIANE ERANO CHIUSE._ SULLA PUNTA C'ERA DELLA TERMITE CHE ACCE-SA CON UNA PICCOLA MIC-CIA PRODUCE DELLE TEM-PERATURE AL-TISSIME.
INFATTI NELLA PER-SIANA C'E' UN BUCO ED E' STATO FATTO DA UNA BRUCIATURA.
LA TER-MITE AVREB-BE FORATO AN-CHE IL FERRO.
114

ISPETTORE, MA SE EVA KANT HA DOVUTO ADDORMENTARE QUESTI UOMINI, SIGNIFICA CHE DIABOLIK ERA PRIGIONIERO?
SI', ED ERO PRIGIONIERO ANCH'IO!
LA NOSTRA MORTE ERA GIA' DECISA... DIABOLIK AVREBBE FINITO DI ESISTERE... PURTROPPO IL DESTINO HA VOLUTO CHE QUEL CRIMINALE SI SALVASSE ANCORA.
115

VADO ALLA CENTRALE, HO UN LUNGO RAPPORTO DA FARE.
BEH... QUESTA VOLTA SONO CONTENTO CHE DIABOLIK SI SIA SALVATO, ALTRIMENTI SAREBBE MORTO ANCHE IL NOSTRO ISPETTORE.
CHE C'E', SERGENTE, NON HO CAPITO QUELLO CHE AVETE DETTO.
DICEVO CHE... DIEGO MANDEN VERRA' PRESO SICURAMENTE.
116

LO SPERO!
PER FORTUNA NON HA SENTITO QUELLO CHE HO DETTO... MI AVREBBE ESPULSO DALLA POLIZIA!
PUOI ESSERNE CERTO!...
GINKO NON PUO' ACCETTARE CHE UN POLIZIOTTO SIA CONTENTO DELLA FUGA DI DIABOLIK.
LO SO E HA RAGIONE! MA ANCHE UN POLIZIOTTO PUO' CEDERE AL SENTIMENTO... SE L'ISPETTORE MORISSE NON MI SENTIREI PIU' DI FARE QUESTO MESTIERE... E' LUI CHE MI DÀ LA FORZA E IL CORAGGIO DI LOTTARE CONTINUAMENTE.
117

BEH... TI CONFESSO CHE SAREBBE COSI' ANCHE PER ME E CREDO ANCHE PER MOLTI ALTRI.
DRIN DRINN
PRONTO... SI', SONO IO! AVETE PRESO DIEGO MANDEN... MOLTO BENE, LA BANDA AL COMPLETO E' SGOMINATA.
NO, L'ISPETTORE GINKO E' GIA' ANDATO VIA _ STA VENENDO ALLA CENTRALE, SARA' DA VOI FRA POCHI MINUTI.
FINE

IL GIALLO A FUMETTI

DIABOLIK

di A. e L. GIUSSANI

DIABOLIK ED EVA SONO NELLA LORO VILLA AL MARE...
BEN ALZATA, CARA! HAI DORMITO BENE?
BENISSIMO!
OH!...
2

TIENI!
CHE GIOIELLI STUPENDI!
CARO, ALLACCIAMI LA COLLANA!
3

SONO I PIU' BEI BRILLANTI CHE ABBIA MAI VISTO!
NON DIMENTICHI MAI L'ANNIVERSARIO DEL NOSTRO INCONTRO!
QUEL GIORNO HO INCONTRATO **L'AMORE!**
4

RICORDO TUTTO COME FOSSE IERI...
ANCH'IO... LA CRONACA MONDANA PARLAVA DEL TUO IMMINENTE ARRIVO ALL'ALBERGO EXCELSIOR E LEGGENDO LA NOTIZIA MI VENNERO IN MENTE ALTRE INFORMAZIONI PUBBLICATE SUL TUO CONTO....
5

MA A TE NE INTERESSAVA **UNA SOLA**: QUELLA CHE RIGUARDAVA IL MIO DIAMANTE ROSA.
E' VERO!. VOLEVO QUEL DIAMANTE E PER RUBARLO DECISI DI PRENDERE IL POSTO DEL CAMERIERE ADDETTO AL TUO SERVIZIO PERSONALE.
SI CHIAMAVA BOB...
EHI, BOB, LADY KANT E' ARRIVATA!. IL DIRETTORE IN PERSONA LE STA ANDANDO INCONTRO.
6

BENVENUTA, LADY KANT!
CHE DONNA STUPENDA! E CHE CLASSE!
IO SONO VECCHIO MA QUESTA VOLTA TI INVIDIO... PIACEREBBE ANCHE A ME SERVIRE UNA DONNA DEL GENERE..
7

" IL DIRETTORE MI ACCOMPAGNO' NEL MIO APPARTAMENTO E MI INDICO' LA CASSAFORTE CHE ERA CELATA DIETRO UN QUADRO.. VI RIPOSI I MIEI GIOIELLI. "

"IO AVEVO DECISO DI FARE IL COLPO SUBITO ED ERO APPOSTATO IN CORRIDOIO.. VIDI IL DIRETTORE USCIRE E POCO DOPO MI AVVICINAI ALLA TUA CAMERA."

LA CASSAFORTE E' DIETRO QUEL QUADRO.
MALEDIZIONE! NON RIESCO A SENTIRE GLI SCATTI... HO BISOGNO DELLO STETOSCOPIO.
10

DEVO RIMANDARE IL COLPO.
DRIIIIN
STA APRENDO LA PORTA DEL BAGNO! HA SENTITO LO SQUILLO DEL TELEFONO.
DEVO NASCONDERMI. NON FACCIO PIU' IN TEMPO AD USCIRE DALLA STANZA.
11

DRIIIIINN
"ERA GEORGE CARON CHE MI TELEFONAVA... SI ERA INNAMORATO DI ME E VOLEVA VEDERMI QUELLA SERA STESSA...
SARO' DA TE VERSO MEZZA-NOTTE.
12

"TU TORNASTI NEL BAGNO E IO USCII DALLA TUA CAMERA RICHIUDENDO LA PORTA A CHIAVE..."

"FINITO IL MIO SERVIZIO DI CAMERIERE, MI APPOSTAI NEL PARCO DELL'ALBERGO...

"MI ARRAMPICAI SUL TUBO DELLA GRONDAIA E RAGGIUNSI IL TUO BALCONE... QUANDO TI AVEVO SERVITO LA CENA IN CAMERA AVEVO GIRATO LA MANIGLIA DELLA FINESTRA E LA TROVAI ANCORA APERTA."
ORA POSSO LAVORARE TRANQUILLO.
14

"INTANTO IO ARRIVAVO ALLA CASA DI GEORGE CARON..."

"... SI MISE A URLARE E MI FECE DELLE ACCUSE ASSURDE. CREDEVA DI CONOSCERE IL MIO PASSATO E INVECE IGNORAVA LA COSA PIU' IMPORTANTE ..."

"... MA NON GLI DIEDI NESSUNA SPIEGAZIONE E ME NE ANDAI OFFESA .."

"NEL FRATTEMPO IO AVEVO SCOPERTO LA COMBINAZIONE DELLA TUA CASSAFORTE ..."

"INFATTI LA CASSAFORTE SI APRI'."
ECCO IL FAMOSO DIAMANTE ROSA!. VALE 200 MILIONI!
UUUUUUUH!
LA POLIZIA!
17

MENO MALE, SI E' ALLONTANATA... NON ERA PER ME.

" IMPROVVISAMENTE SI ACCESE LA LUCE... "
" ...E CI TROVAMMO DI FRONTE .. L'URLO DELLA SIRENA MI AVEVA IMPEDITO DI SENTIRE LA PORTA CHE SI APRIVA.
18

SE URLATE SIETE SPACCIATA!
" DOPO IL PRIMO ATTIMO DI PAURA RITROVAI IL MIO SANGUE FREDDO...
IMMAGINO CHE SIATE VENUTO QUI PER IL FAMOSO DIAMANTE ROSA...
...EBBENE, IL VOSTRO LAVORO E' STATO INUTILE, IL DIAMANTE E' FALSO.
FALSO?!... E VOI PENSATE CHE IO POSSA CREDERE A UNA COSA SIMILE?
19

IL DIAMANTE L'HO VENDUTO E NE HO FATTO FARE UNA COPIA.. ALCUNE PERSONE DELLA MALA-VITA MI RICATTAVANO E IO AVEVO BISOGNO DI MOLTO DANARO.
RECITATE BENISSIMO, MILADY, MA IO NON CREDO A UNA PAROLA DI QUELLO CHE DITE.
PRENDETE IL DIAMANTE E FATE-LO ESAMINARE.. SE HO DETTO LA VERITA' RESTITUITEMELO!.. FRA POCHI GIORNI SARO' INVITA-TA DAI DUCHI BELMONT E DE-VO AVERE IL MIO ANELLO.
20

SIETE UNA DONNA SCONCERTANTE E STUPENDA.
"QUANDO RIAPRII GLI OCCHI ERI GIA' SPARITO... DALLA FINESTRA SOCCHIUSA ENTRAVA L'ARIA FRESCA DELLA NOTTE."
21

"IO ARRIVAI AL MIO RIFUGIO ATTRAVERSO LE FOGNE."
NON HO BISOGNO DI FARE ESAMINARE IL DIAMANTE.
LA BELLA LADY NON SA CHE IO SONO UN ESPERTO E SAPRO' SUBITO LA VERITA'.
FALSO! E' UN'IMITAZIONE PERFETTA,.. MILADY NON HA MENTITO!
22

LA TUA IMMAGINE MI ERA SEMPRE DAVANTI E NON RIUSCIVO A SCACCIARLA.
PERO' QUESTO NON TI HA IMPEDITO DI ANDARE DA QUELL'ALTRA DONNA...
ELISABETTA ERA UNA BELLA RAGAZZA, MA NON L'AMAVO, LO SAI BENISSIMO!_ VIVEVA CON ME SENZA SOSPETTARE CHI FOSSI, MI CONOSCEVA COME WALTER DORIAN E MI CREDEVA UN RICCO UOMO D'AFFARI.
23

"IL RIFUGIO AVEVA UNA BOTOLA CHE SBUCAVA NEL GIARDINO DELLA MIA VILLA..."

...SCAVALCAI CON UN SALTO LA RINGHIERA DEL TERRAZZO ED ENTRAI IN CASA.»

DA SOTTO TERRA?... **MA TU SEI PAZZA!** - IO SONO ENTRATO DAL CANCELLO, COME AL SOLITO, E TU NON MI HAI VISTO...
TI SEI SPAVENTATA PER NULLA, ORA NON PENSARCI PIU'!
SI', WALTER.
PER POCO NON MI FACEVO SCOPRIRE... FORTUNATAMENTE ELISABETTA E' INGENUA E SI E' CONVINTA DI AVER VISTO MALE.
26

«ALLE SEI DEL MATTINO, CON LA MASCHERA DEL CAMERIERE, ENTRAI IN CAMERA TUA...»
ECCO, RESTITUITO IL DIAMANTE.
« PRIMA DI USCIRE MI FERMAI AD AMMIRARTI... ERA UN'IMPRUDENZA, MA NON POTEI FARNE A MENO.»
27

«E IO DOPO QUALCHE ORA MI RISVEGLIAI...»
IL MIO DIAMANTE!...LUI E' STATO QUI!
COME HA POTUTO ENTRARE IN CAMERA MIA?... PORTE E FINE-STRE ERANO CHIU-SE.
TOC! TOC!
28

AVANTI!
LA COLAZIONE, MILADY!
«IN QUEL MOMENTO HO SENTITO CHE L'UOMO CHE ERA DAVANTI A ME NON ERA UN SEMPLICE CAMERIERE...»
29

BOB, QUANDO ERO ALL'ESTERO, HO LETTO SUI GIORNALI CHE A CLERVILLE C'E' UN TERRIBILE CRIMINALE CHE TERRORIZZA TUTTI.
MILADY VUOL FORSE PARLARE DI DIABOLIK?
PROPRIO LUI! HO LETTO CHE RIESCE A TRASFORMARSI IN MODO PERFETTO E PUO' PRENDERE LE SEMBIANZE DI CHIUNQUE.
COSI' DICONO ...
30

DIABOLIK POTREBBE ANCHE TRAVESTIR-SI DA CAMERIE-RE...
« MI TOLSI LA MA-SCHERA.. ORMAI SA-PEVO CHE MI AVEVI RICONOSCIUTO. »
TU SEI LA PRIMA DONNA CHE SA CHE QUESTO VOLTO E' QUELLO DI DIABOLIK.. FORSE STO COM-METTENDO IL PIU' GRAVE ERRORE DELLA MIA VITA, MA AMO IL RISCHIO E IL PERICOLO..
ANCH'IO!
31

SE IERI SERA TU NON FOSSI TORNATA PRIMA DEL PREVISTO NON CI SAREMMO MAI INCONTRATI.
ORA NON MI IMPORTA PIU' NIENTE DELLE OFFESE DI GEORGE CARON, E SONO CONTENTA DI NON AVERGLI SVELATO IL SEGRETO DELLA MIA VITA.
32

IO SONO LA FIGLIA ILLEGITTIMA DI LORD RODOLFO KANT.
MIA MADRE MI RACCONTO' TUTTO POCO PRIMA DI MORIRE.
AVEVO 16 ANNI, E DA QUEL MOMENTO NACQUE IN ME L'ODIO PER QUELLA RICCA E NOBILE FAMIGLIA CHE IMPEDI' LE NOZZE DI MIA MADRE SOLTANTO PERCHE' ERA POVERA E NON APPARTENEVA AL LORO RANGO.
33

RIMASTA SOLA COMINCIAI A GIRARE IL MONDO... MIA MADRE AVEVA SEMPRE LAVORATO E MI AVEVA FATTO STUDIARE LINGUE... OVUNQUE ANDASSI TROVAVO SEMPRE UN IMPIEGO, MA LA MIA NATURA INQUIETA NON RESISTEVA A LUNGO NEL MEDESIMO AMBIENTE.
HO LAVORATO CON LA GENTE PIU' DISPARATA... SONO STATA ANCHE UNA DELLE SEGRETARIE DI PETER SOREL... ALLORA NESSUNO SAPEVA CHE ERA UN ALTO ESPONENTE DELLA MALAVITA E IO NON HO MAI SOSPETTATO NULLA...
34

DUE ANNI DOPO FECI PARTE DI UN'ORGANIZZAZIONE DI SPIONAGGIO INDUSTRIALE, AVEVO UN GRANDE SPIRITO DI AVVENTURA E LA COSA MI ATTIRAVA, MA ALLA PRIMA OPERAZIONE RIMASI DELUSA E ME NE ANDAI.
AVEVO MOLTI CORTEGGIATORI, MA DOPO QUANTO ERA ACCADUTO A MIA MADRE DISPREZZAVO TUTTI GLI UOMINI.
35

UN GIORNO, PER CASO, CONOBBI LORD ANTHONY KANT... ERA CUGINO DI MIO PADRE, ORMAI MORTO DA TRE ANNI... SAPEVO CHE ANTHONY SI ERA OPPOSTO PIU' DI TUTTI AL MATRIMONIO, E ... IL MIO ODIO NON SI ERA SOPITO.
ERA UN VECCHIO DI 60 ANNI PRESUNTUOSO E DISPOTICO... SI INNAMORO' DI ME E MI CHIESE DI SPOSARLO... ACCETTAI! ERA VENUTO IL MOMENTO DI VENDICARE LA MEMORIA DI MIA MADRE.
36

PRENDEVO QUEL NOME CHE MI SPETTAVA DI DIRITTO, **ERO UNA KANT!**
SUBITO DOPO LE NOZZE GLI RIVELAI LA VERITA'.
VIDI BALENARE NEI SUOI OCCHI UN LAMPO DI ODIO PARI AL MIO, POI SI ACCASCIO' AL SUOLO IN PREDA A COLLASSO... RIMASE IN CLINICA PARECCHIO TEMPO.
37

QUANDO TORNO' AL CASTELLO MI DISSE CHE NON VOLEVA SCANDALI.. SE SI FOSSE SEPARATO DA ME SAREBBE VENUTA FUORI LA VERITA' E IL NOME DEI KANT SAREBBE STATO DISONORATO.
ERAVAMO DUE NEMICI, MA DAVANTI AGLI ESTRANEI RECITAVAMO LA PARTE DI MARITO E MOGLIE
DOPO POCO TEMPO LA POLIZIA SCOPRI' CHE PETER SOREL ERA UN GANGSTER.
38

VENNE ARRESTATO INSIEME A GRAN PARTE DELLA BANDA, MA ALCUNI UOMINI RIUSCIRONO A FUGGIRE E MI RICATTARONO MINACCIANDO DI DIRE ALLA POLIZIA CHE AVEVO LAVORATO PER SOREL.
MI SAREBBE STATO MOLTO DIFFICILE DIMOSTRARE CHE IGNORAVO LA **VERA** ATTIVITA' DI QUELL'UOMO E COSI' VENDETTI IL DIAMANTE ROSA E FECI TACERE I RICATTATORI.
39

SE LORD ANTHONY AVESSE POTUTO ACCUSARMI DI AVER LAVORATO PER LA MALAVITA MI AVREBBE SCACCIATA CON INFAMIA... SAREBBE STATA UN'OTTIMA OCCASIONE PER SEPARARSI DA ME SENZA RENDERE NOTO L'ATTO DISONOREVOLE CHE MACCHIAVA IL NOME DEI KANT.
SEI MESI DOPO LORD KANT MORIVA TRAGICAMENTE, SBRANATO DA UNA BELVA, DURANTE UNA CACCIA GROSSA...
NON SONO RESPONSABILE DELLA SUA MORTE, SE E' QUESTO CHE VUOI SAPERE.
40

« MENTRE NOI PARLAVAMO ELISABETTA ERA TORMENTATA DA UN'IDEA FISSA ...

WALTER NON E' ENTRATO DAL CANCELLO ... PIU' CI PENSO E PIU' MI CONVINCO DI NON ESSERMI SBAGLIATA ... E' APPARSO ALL'IMPROVVISO, COME UN FANTASMA.

QUANDO L'HO VISTO ERA QUI, VICINO A QUESTO CESPUGLIO.

UNA BOTOLA!

47

ALLORA WALTER QUESTA NOTTE E' USCITO DI QUI E... MI HA MENTITO !_ PERCHE'?...
HO PAURA... TANTA PAURA... MA VOGLIO SAPERE COSA C'E' LI' SOTTO!
DEVO TROVARE QUALCUNO CHE MI AIUTI A SOLLEVARE IL COPERCHIO...
42

SENTITE, AVREI BISOGNO DI UN FAVORE.
VOLENTIERI, SIGNORINA!
SONO SOLA IN CASA E DEVO APRIRE UNA BOTOLA CHE E' IN GIARDINO.
ECCO FATTO! COSA CI TENETE QUI SOTTO?
E' UN VECCHIO POZZO E MI SERVE COME CANTINA.
SE VOLETE POSSO AIUTARVI.
43

NO, GRAZIE, ANDATE PURE.
VOGLIO SCENDE-RE SOLA.
44

AAHH!
CHE ORRORE!
45

DEVO FUGGIRE DA QUESTA CASA.
TAXI!
ALLA POLIZIA, PRESTO!
46

"ELISABETTA FU INTERROGATA DA GINKO..."
DELLE TESTE UMANE, AVETE DETTO?
SI'...
DIABOLIK!
AVVISA I MIEI UOMINI DI METTERSI IN BORGHESE, ANDIAMO SUBITO ALLA VILLA!
47

«NEL FRATTEMPO IO E TE AVEVAMO DIMENTICATO TUTTO E TUTTI...»
KNOK KNOK
E' PIU' DI UN'ORA CHE SONO QUI... SICURAMENTE CERCANO ME!
NASCONDITI NELL'ARMADIO!
48

AVANTI !
SCUSATE, MILADY, AVETE FORSE MANDATO BOB A FARE DELLE COMMISSIONI ?
NO...MI HA PORTATO LA COLAZIONE E POI NON L'HO PIU' VISTO.
STRANO... NON RIUSCIAMO PIU' A TROVARLO , BOB E' MOLTO LIGIO , MI SEMBRA IMPOSSIBILE CHE ABBIA LASCIATO IL SERVIZIO SENZA CHIEDERE IL PERMESSO
49

SCUSATE IL DISTURBO, MILADY.
IL DIRETTORE SE N'E' ANDATO, PUOI USCIRE.
SSST... C'E' QUALCUNO DIETRO ALLA PORTA.
50

«INFATTI BUSSARONO ANCORA E TU TORNASTI NEL-L'ARMADIO...»
«...ENTRO' UN ALTRO CAMERIERE.»
MILADY, POSSO PRENDERE IL CARRELLO?
SI'!
HO L'IMPRESSIONE CHE QUESTO CAMERIERE SOSPETTI QUALCOSA... SI GUARDA TROPPO IN GIRO.
51

NON MI SBAGLIO... LA PORTA DEL BAGNO ERA SEMI-APERTA E, CON LA SCUSA DI CHIUDERLA, HA DATO UN'OCCHIATA NELL'INTERNO... CAMMINA SUL TAPPETO E I SUOI PASSI NON SI SENTONO.
SE DIABOLIK FA IL PIU' PICCOLO RUMORE LO SCOPRONO ...DEVO METTERLO IN GUARDIA ... SICURAMENTE CONOSCE L'ALFABETO MORSE.
52

TIC
TIC
MA QUESTI SONO SEGNALI MORSE!...
PERICOLO E' ANCORA IN CAMERA.
« FINALMENTE IL CAMERIERE SE NE ANDO'... »
IL TUO VECCHIO COLLEGA SOSPETTAVA CHE TU FOSSI QUI E TEMEVO CHE TI SCOPRISSE, PER FORTUNA HAI CAPITO I MIEI SEGNALI.
NON IMMAGINAVO CHE CONOSCESSI L'ALFABETO MORSE.
53

L'HO IMPARATO NELLA ORGANIZZAZIONE DI SPIONAGGIO INDUSTRIALE.
«QUANDO CALO' LA NOTTE...
PERCHE' VUOI ANDARTENE SENZA DI ME?
HO QUALCOSA DA SISTEMARE... DOMANI MATTINA ALLE DIECI TROVATI ALLA STAZIONE, NELLA SALA D'ASPETTO DI PRIMA CLASSE.
54

"SCESI NELLA FOGNA E MI AVVIAI VERSO IL MIO RIFUGIO...
DARO' DEI SOLDI AD ELISABETTA E LA RIMANDERO' A CASA SUA QUESTA NOTTE STESSA.
SONO ARRIVATO.
55

IN ALTO LE MANI,
DIABOLIK!
56

SE FAI UNA MOSSA SPA-RO! AVANTI, CAMMINA!
L'HANNO PRESO! QUESTA VOLTA L'ISPETTORE GINKO CE L'HA FATTA.
57

"ALLA MATTINA, IN STAZIONE VENNI A SAPERE LA TERRIBILE NOTIZIA..."
DIABOLIK ARRESTATO
L'ISPETTORE GINKO HA VINTO LA SUA BATTAGLIA CONTRO IL RE DEL TERRORE!
ARRESTATO!... NON C'E' PIU' SPERANZA, SARA' CONDANNATO A MORTE!
DEVO VEDERLO ANCORA UNA VOLTA... VOGLIO ESSERE PRESENTE AL PROCESSO...
58

SARA' MOLTO DIFFICILE ENTRARE IN TRIBUNALE ... SOLO GEORGE CARON PUO' AIUTARMI, COME SEGRETARIO DEL MINISTRO DI GIUSTIZIA MI FARA' AVERE UN PERMESSO SPECIALE ...
TAXI
DEVO FARE LA PACE CON LUI ... GLI TELEFONERO' E USCIREMO A CENA INSIEME.
59

« QUELLA SERA STESSA ANDAI AL RISTORANTE CON GEORGE... »
EVA, QUANDO HO TELEFONATO ALL'ALBERGO E MI HANNO DETTO CHE ERI PARTITA, HO CREDUTO DI AVERTI PERDUTA PER SEMPRE!
HO DETTO CHE PARTIVO E INVECE HO AFFITTATO UNA VILLETTA TRANQUILLA ALLA PERIFERIA.. CREDO CHE RIMARRO' QUI A LUNGO.
60

HAI LETTO CHE HANNO ARRESTATO DIABOLIK? VORREI ASSISTERE AL PROCESSO.
VA BENE, TI PROCURERO' UN PERMESSO.
QUELLA ELISABETTA GAY E' STATA MOLTO IN GAMBA, IL GIORNALE RACCONTA NEI MINIMI PARTICOLARI TUTTA LA STORIA... DURANTE LA NOTTE DIABOLIK L'AVEVA CONVINTA CHE AVEVA VISTO MALE, MA POI AL MATTINO CI HA RIPENSATO E HA SCOPERTO LA BOTOLA...
61

... S'E' FATTA AIUTARE DA UN OPERAIO CHE PASSAVA PER LA STRADA AD ALZARE IL COPERCHIO E...

GEORGE, HO LETTO ANCH'IO I GIORNALI... SO QUELLO CHE E' SUCCESSO!

NON CAPISCO PERCHE' TI ARRABBI... CREDEVO CHE TI INTERESSASSE IL CASO DIABOLIK, VUOI ANDARE PERSINO AL PROCESSO...
SCUSA, SONO UN PO' NERVOSA...
62

« LA MATTINA IN CUI INIZIO' IL PROCESSO GUARDAI LA FOLLA CHE ASSIEPAVA L'AULA E VIDI CHE C'ERI ANCHE TU... »
EVA!... SARA' QUI PER TESTIMONIARE CONTRO DI ME?...
« CI FISSAMMO INTENSAMENTE... »
«... E NOTAI CHE TI PORTAVI UN DITO ALLA GUANCIA... »
63

MI STA PARLANDO CON L'ALFABETO MORSE... DICE CHE E' PRONTA A TUTTO PUR DI AIUTARMI... E' ASTUTA E AUDACE COME ME! PURTROPPO L'HO INCONTRATA TROPPO TARDI... LA GHIGLIOTTINA MI ASPETTA.
« IO NON STACCAVO GLI OCCHI DALLE TUE MANI... »
LE SUE DITA SONO IMMOBILI, PERCHE' NON MI RISPONDE?
64

SE MUOVESSI LE MANI GINKO SE NE ACCORGEREBBE SUBITO ED E' TROPPO FURBO PER NON CAPIRE IL VECCHIO TRUCCO DELL'ALFABETO MORSE.
ISPETTORE GINKO, VOLETE SALIRE SUL BANCO DEI TESTIMONI?
POSSO TENTARE UNA COSA SOLA... FARE I SEGNALI CON GLI OCCHI.
65

GIURATE DI DIRE LA VERITA', TUTTA LA VERITA', SOLTANTO LA VERITA'!
LO GIURO!
VOI ASSERITE CHE L'UOMO QUI PRESENTE DI CUI NON SI CONOSCE NE' NOME, NE' COGNOME, NE' NAZIONALITA', E' IL CRIMINALE SOPRANNOMINATO DIABOLIK?
SI', SIGNOR PRESIDENTE, NON HO DUBBI..
66

«DURANTE L'INTERROGATORIO DI GINKO IO CONTINUAVO A GUARDARTI LE MANI NELLA SPERANZA CHE SI MUOVESSERO. FU IL TUO AVVOCATO A METTERMI SULLA STRADA GIUSTA...
SIGNOR PRESIDENTE, COME DIFENSORE DI DIABOLIK CHIEDO UNA PERIZIA PSICHIATRICA PER IL MIO CLIENTE.
QUEST'UOMO NON E' UN ESSERE NORMALE, GUARDATELO E VEDRETE CHE I SUOI OCCHI SONO SCOSSI DA UN TIC NERVOSO.
67

TIC NERVOSO?!...
NON ME NE SONO MAI ACCORTA...
ORA CAPISCO... MI STAVA FACENDO I SEGNALI MORSE CON GLI OCCHI.
ESAMINEREMO LA VOSTRA RICHIESTA, AVVOCATO.. DATA L'ORA TARDA IL PROCESSO VIENE AGGIORNATO A DOMATTINA ALLE NOVE.
68

« IL GIORNO DOPO TORNAI IN AULA.. AVEVO FATTO SOSTITUIRE I CRISTALLI DEI MIEI OCCHIALI DA SOLE CON DUE LENTI DI INGRANDIMENTO IN MODO DA VEDERE BENE I SEGNALI.
VAI A PAPIGNAN ... NELLA GROTTA SOTTO LA CASCATA ... TROVERAI SOLDI, GIOIELLI, MASCHERE ... PRENDI TUTTO.
69

«IN QUEL MOMENTO NON IMMAGINAVO CHE L'ISPETTORE GINKO MI AVESSE NOTATA... LO LEGGEMMO TEMPO DOPO SUI GIORNALI.

SENTI, GUSTAVO, VEDI QUELLA SIGNORA BIONDA IN SECONDA FILA?

CHE DOMANDE!_ VUOI CHE NON ABBIA VISTO UNA CREATURA TANTO AFFASCINANTE?. E' DALLO INIZIO DEL PROCESSO CHE LA STO AMMIRANDO!

INFORMATI CHI E'!_ MI SEMBRA TANTO INTERESSATA A DIABOLIK CHE NON VORREI AVESSE A CHE FARE CON QUEL CRIMINALE.

LA PEDINERO' CON GRAN PIACERE.

70

«APPENA FINITA L'UDIENZA MI DIRESSI VERSO PAPIGNAN...
« MA A UN TRATTO SUSSULTAI...
QUELL'AUTO MI SEGUE DA QUANDO SONO USCITA DAL TRIBUNALE... NON AVRANNO SCOPERTO QUALCOSA?
DIO MIO! SAREBBE TERRIBILE! DEVO TORNARE INDIETRO.
71

«PENSAI CHE UN IMPROVVISO RITORNO NON AVREBBE SVIATO I SOSPETTI SU DI ME E MI VENNE UN'ALTRA IDEA... ARRIVAI FINO AL PRIMO PAESE.
SCUSATE, DOV'E' IL CIMITERO?
PROPRIO IN FONDO A QUESTO VIALE, SIGNORA.
«POCO DOPO MI INGINOCCHIAVO SU UNA TOMBA QUALUNQUE, SAPEVO CHE IL MIO PEDINATORE MI STAVA SPIANDO...
TANTA FATICA PER VEDERE UNA DONNA CHE VA A VISITARE I SUOI MORTI... GINKO COMINCIA AD ESAGERARE COI SUOI SOSPETTI.
72

ORA TORNERO' A CLERVILLE E ANDRO' NELL'UFFICIO DI GEORGE _ IL SEGRETARIO DEL MINISTRO DI GIUSTIZIA E' UN OTTIMO PARAVENTO.
«APPENA ENTRAI NEL PALAZZO, GUSTAVO GARIAN ALLUNGO' UNA MANCIA AL PORTIERE E LO INTERROGO'...
SAPETE CHI E' QUELLA DONNA CHE E' ENTRATA ADESSO?
E' LA VEDOVA DI LORD KANT, MA ORA E' 'MOLTO AMICA DEL SEGRETARIO DEL MINISTRO DI GIUSTIZIA.
73

« IO DALLA FINESTRA OSSERVAVO ANSIOSAMENTE...

«INTANTO GUSTAVO GARIAN ARRIVAVA DA GINKO...»
ALLORA, COS'HAI SAPUTO SULLA BELLA SCONOSCIUTA?
SI TRATTA NIENTEMENO CHE DI LADY KANT ED E' IN AMICIZIA PIUTTOSTO INTIMA, COSI' MI HA FATTO CAPIRE IL PORTIERE, CON IL SEGRETARIO DEL MINISTRO DI GIUSTIZIA.
ALLORA I MIEI SOSPETTI ERANO INFONDATI!
75

« NEL FRATTEMPO IO RIPARTIVO PER PAPIGNAN, ERA ORMAI IL TARDO POMERIGGIO...
« GIUNTA IN PAESE ABBANDONAI L'AUTO E PROSEGUII A PIEDI PER I SOLITARI SENTIERI CHE CONDUCEVANO ALLA CASCATA.
76

ECCO LA CAVERNA!
QUANTE RICCHEZZE! QUI DENTRO CI SONO CENTINAIA DI MILIONI!
« QUANDO APRII LA CASSA DELLE MASCHERE NON RIUSCII A TRATTENERE UN GRIDO DI SPAVENTO... ERANO PERFETTE E SEMBRAVANO TESTE UMANE...
77

« PORTAR VIA TUTTA QUELLA ROBA NON ERA SEMPLICE.. FUI COSTRETTA A FARE PARECCHI VIAGGI DALLA GROTTA ALLA MACCHINA E CALO' LA NOTTE.. »
FINALMENTE HO FINITO!_ E' QUASI MEZZANOTTE E GEORGE MI ASPETTAVA ALLE OTTO, DEVO PREPARARMI A UNA SCENATA...
« GEORGE AVEVA LASCIATO IL RISTORANTE E ATTENDEVA DAVANTI ALLA MIA CASA.
78

DA DOVE VIENI?- CON CHI SEI STATA?
CHE DIRITTO HAI DI INTERROGARMI?
IL DIRITTO DELL'UOMO CHE VUOLE SPOSARTI.
PERCHE' TORNI SU QUESTO ARGOMENTO? TI HO GIA' DETTO CHE NON HO INTENZIONE DI SPOSARTI!
79

INVECE TU MI SPOSERAI, ALTRIMENTI IO TI DENUNCIO.
MI DENUNCI ?!
"L'IDEA CHE GEORGE SAPESSE QUALCOSA DI NOI DUE MI TERRORIZZO'"
TI DENUNCIO PER L'ASSASSINIO DI TUO MARITO!_ CREDI CHE IO NON SAPPIA LA VERITA'?_ L'HAI SPINTO TU NELLA FOSSA DELLA PANTERA!
80

NON E' VERO! QUANDO IO SONO ARRIVATA ERA GIA' CASCATO NELLA BUCA E STAVA LOTTANDO CON LA BELVA.
HAI GRIDATO AIUTO QUANDO ERA GIA' RIDOTTO A PEZZI!
VIGLIACCO! RICATTATORE!
PENSA ALLA MIA PROPOSTA DI MATRIMO-NIO E VEDRAI CHE TI CONVIENE ACCETTARE.
81

« CORSI IN CASA, DECISA A NON VEDERE PIU' GEORGE. »
LO ODIO!
« E VENNE IL GIORNO DELLA SENTENZA... »
IMPUTATO ALZATEVI, LA GIURIA EMETTE IL VERDETTO!
82

SIGNORI GIURATI RITENETE L'IMPUTATO COLPEVOLE O INNOCENTE?
COLPEVOLE!
"LA TERRIBILE PAROLA MI GHIACCIO' IL SANGUE NELLE VENE... NON SENTII PIU' NULLA E CREDETTI DI MORIRE... TI GUARDAI...
83

« I TUOI OCCHI ERANO FISSI SU DI ME... ERI CALMO E IMPASSIBILE... FU UN ATTIMO! LA TUA STESSA CALMA MI INVASE E RITROVAI FORZA E DECISIONE. »

« CINQUE GIORNI PRIMA DELL'ESECUZIONE ANDAI ALLA PERIFERIA DELLA CITTA', DURANTE IL PROCESSO MI AVEVI DATO TUTTE LE INFORMAZIONI NECESSARIE...

ECCO, LA CASA E' QUESTA.

84

DIO MIO, CHE PUZZO E QUANTA SPORCIZIA!
SIETE VOI LA SIGNORA HAMMER?
NON FATEMI RIDERE!... NESSUNO MI HA MAI CHIAMATO **SIGNORA**, IO SONO MARGOT E BASTA!
DEVO PARLARVI, MARGOT, POSSO ENTRARE?
ACCOMODATEVI PURE, MA SIETE SICURA DI NON AVER SBAGLIATO INDIRIZZO?
85

VOSTRO MARITO FA IL SECONDINO ALLE CARCERI, VERO?
MIO MARITO FA LA FAME E CON LUI TUTTA LA FAMIGLIA!. SE SAPESTE COME GUADAGNANO POCO I SECONDINI!
MADONNA SANTISSIMA! QUANTI SOLDI!
MARGOT, POTREBBERO ESSERE VOSTRI...
86

NOI SIAMO POVERI, SIGNORA, MA ONESTI! - NON SO COSA VOGLIATE, MA SO CHE QUANDO SI OFFRONO MOLTI SOLDI E' PER QUALCOSA DI SPORCO.
NO... NON C'E' NIENTE DI SPORCO.
« IL MIO VOLTO SI RIGÒ DI LACRIME....
IO AMO UN UOMO CHE E' IN CARCERE E CHE FRA CINQUE GIORNI MORIRA'... VORREI VEDERLO UN'ULTIMA VOLTA.
87

SANTO CIELO!.. UN CONDANNATO A MORTE...MA ALLORA E' DIABOLIK!
SI', MARGOT, E' LUI!
E VOLETE CHE MIO MARITO VI FACCIA INCONTRARE DI NASCOSTO?!... SIETE PAZZA, FINIREBBE IN GALERA ANCHE LUI!
ERO PRONTA A DARVI 30 MILIONI PUR DI VEDERLO PRIMA CHE MUOIA, MA CAPISCO CHE E' TROPPO RISCHIOSO... ADDIO, MARGOT, E SCUSATE IL DISTURBO.
88

« ME NE ANDAI FINGENDOMI RASSEGNATA.. PER RIUSCIRE NEL MIO PIANO DOVEVO LASCIAR PASSARE LA NOTTE.. QUELLA POVERA DONNA NON AVREBBE DORMITO PENSANDO AL DANARO. »
« ALLE SEI DEL MATTINO TORNAI NEI PRESSI DELLA CASA E VIDI IL SECONDINO CHE RINCASAVA DOPO IL TURNO DI NOTTE...
89

« PRIMA DI ENTRARE ASCOLTAI DIETRO ALLA PORTA .. MARGOT, CON VOCE EMOZIONATA, RACCONTAVA AL MARITO DELLA MIA VISITA ..!

BART E' PIU' DISPERATO DI TE, CON QUEL FIGLIO SEMPRE AMMALATO... MA TANTO E' INUTILE PARLARNE, LA SIGNORA SE N'E' ANDATA E NON TORNERA' PIU'
TRENTA MILIONI PER VEDERE DIABOLIK PRIMA CHE MUOIA.... DEVE ESSERE PAZZA!
KNOCK
MARGOT, BUSSANO, VAI AD APRIRE.
ANCORA VOI!
91

VOLEVO PREGARE VOSTRO MARITO DI PORTARGLI ALMENO I MIEI SALUTI... QUESTO NON E' RISCHIOSO.
ECCO IL MIO INDIRIZZO!.. DATEMI SUE NOTIZIE, VI RICOMPENSERO'.
POVERA DONNA, MI FA PENA! CHE DISGRA-ZIA VOLER BENE A UN CRIMINALE.
92

CERTO CHE FARLI INCONTRARE E' UN GROSSO RISCHIO PER TE , MA TRENTA MILIONI SONO UNA BELLA CIFRA...
...NESSUNO LO VERREBBE A SAPERE .. UNO MUORE E L'ALTRA PUOI STAR SICURO CHE NON PARLERA' MAI.._E' CHIARO CHE VUOL TENERE SEGRETO IL SUO AMORE PER DIABOLIK, ALTRIMENTI AVREBBE CHIESTO UN COLLOQUIO REGOLARE.
93

"TORNAI A CASA PIENA DI SPERANZA...
RIUSCIRO' A INCONTRARMI CON LUI... QUELLA MARGOT PER TRENTA MILIONI FAREBBE FARE AL MARITO QUALUNQUE COSA...
"MA IL SECONDINO NON SI FACEVA VEDERE.. ERANO PASSATI QUATTRO GIORNI ED IO ERO IN PREDA ALLA DISPERAZIONE...
... QUANDO...
DRiiiN!
94

QUESTO E' HAMMER... SAPEVO CHE AVREBBE ACCETTATO!
SALVE, BELLISSIMA EVA! _ SONO GEORGE, TI HO LASCIATO PARECCHIO TEMPO PER PENSARE A QUELLO CHE HO DETTO... COS'HAI DECISO?_ MI SPOSI O AFFRONTI UN PROCESSO?
SEI UN VERME!
95

NON MI IMPORTA QUELLO CHE PENSI DI ME, MI IMPORTA LA TUA DECISIONE.. ASPETTERO' FINO A QUESTA SERA POI FARO' QUELLO CHE SAI.
"I MIEI NERVI STAVANO PER CEDERE, QUANDO SENTII SUONARE ALLA PORTA.
HAMMER!! NON VI ASPETTAVO PIU'... CHE NOTIZIE MI PORTATE?
96

SIGNORA ... HO PARLATO COL MIO COMPAGNO, IL SECONDINO BART... BEH . SAREBBE DISPOSTO AD ACCETTARE LA VOSTRA PROPOSTA , MA TRENTA MILIONI IN DUE SONO POCHI PER IL RISCHIO CHE CORRIAMO.
HO CAPITO! VOLETE TRENTA MILIONI PER UNO, E LI AVRETE , MA DITEMI, POSSO VEDERLO?
SUL LATO SINISTRO DELLA PRIGIONE C'E' UNA PICCOLA BARACCA ABBANDONATA, SENZA FINESTRE E CON UNA PORTA SOLA...
97

... FAREMO USCIRE DIABOLIK DALLA PORTICINA SECONDARIA DOVE, DI SOLITO, ESCONO I MORTI DOPO L'ESECUZIONE CAPITALE E LO PORTEREMO NELLA BARACCA.
NATURALMENTE NOI STAREMO FUORI A VIGILARE E AVREMO LA PISTOLA, PERCIO' NON FATE SCHERZI PERCHE' SPAREREMMO SENZA PIETA' SU TUTTI E DUE!
VADO A PRENDERE I SOLDI!
98

"POCO DOPO TORNAI CON UN PACCHETTO DI BANCONOTE DI GROS-SO TAGLIO...
MA COSA FATE?... SIETE PAZZA?
SONO PRUDENTE! _ SESSANTA MILIONI STRACCIATI A META' NON VI SERVIRANNO A NULLA E VI IMPEDIRANNO DI FARMI QUALCHE BRUTTO TIRO...
AVETE PENSATO PROPRIO A TUTTO!
99

TROVATEVI QUESTA NOTTE ALLE 3 NELLA BARACCA, MA LASCIATE L'AUTO LONTANA, POTREBBE DARE SOSPETTO.
AVETE CAPITO TUTTO?
SI'!
ED ORA DARO' LA MIA RISPOSTA A GEORGE...
100

PRONTO?... QUESTA SERA VERRO' DA TE COSI' POTRAI FISSARE LA DATA DELLE NOZZE.
SAPEVO CHE AVRESTI DECISO PER IL MATRIMONIO, SEI UNA DONNA DI BUON SENSO!
«DOPO CENA ANDAMMO A BALLARE IN UN LOCALE NOTTURNO.»
101

"QUELLA SERA GEORGE BEVVE PIU' DEL SOLITO... E IO NON LO TRATTENNI, MA QUANDO SI AVVICINÒ L'ORA DELL'APPUNTAMENTO...
CAMERIERE, UN'ALTRA BOTTIGLIA DI CHAMPAGNE!
GEORGE, HAI BEVUTO MOLTISSIMO E IO SONO UN PO' STANCA... VORREI ANDARE A CASA.
FINIAMO QUESTA BOTTIGLIA E POI ANDIAMO!
COSA NE DIRESTI DI VENIRE A BERLA A CASA MIA?
UNA MAGNIFICA IDEA!
102

GUIDO IO... HAI BEVUTO TROPPO.
NON SO SE MI UBRIACHI PIU' TU O LO CHAMPAGNE.
"APPENA SALI' IN AUTO CADDE IN UN SONNO PROFONDO...
LA SBORNIA HA FATTO IL SUO EFFETTO... SI E' ADDORMENTATO AVRO' TUTTO IL TEMPO DI ANDARE ALLA CAPANNA E LUI NON SI ACCORGERA' DI NIENTE.
103

"PIU' TARDI GIUNSI NEI PRESSI DEL CARCERE, POCO LONTANO C'ERA LA BARACCA...
FRA MEZZ'ORA LO VEDRO'!
"INFATTI ALLE TRE IN PUNTO...
EVA!
104

"DALL'INTERNO DELLA BARACCA SENTIVAMO LE VO-
CI DEI DUE SECONDINI...
FINORA E' ANDATO TUTTO BENE!
ASPETTA A RALLE-GRARTI, DOBBIAMO ANCORA PORTARLO DENTRO.
NON DOVREBBE SUCCEDE-DERE NIENTE, HO SCEL-TO PROPRIO L'ORA DALLE TRE ALLE QUATTRO PER-CHE' LA RONDA E' IN UN ALTRO RAGGIO.
FINCHE' NON LO VEDRO' IN CELLA NON SARO' TRAN-QUILLO!
105

IL TEMPO E' SCADUTO; USCITE!
ECCO L'ALTRA META' DEL DENARO!
106

«ALL'ALBA NEL CORTILE DELLE CARCERI...
GINKO, FRA UN MINUTO LA TUA BATTAGLIA CONTRO DIABOLIK SARA' FINITA.
PASSERA' ALLA STORIA COME IL PIU' GRANDE CRIMINALE DI TUTTI I TEMPI.
107

QUELL'UOMO E' FUORI DAL NORMALE ANCHE NELLA MORTE... RIMANE IMPASSIBILE FINO ALL'ULTIMO.
HA UNA FREDDEZZA MOSTRUOSA.
I SUOI OCCHI SONO VITREI...
L'HO NOTATO ANCH'IO, SEMBRA ... SEMBRA DROGATO.
108

NOOo !!!
109

NON E' LUI! E' STATO DECAPITATO UN ALTRO!
DIABOLIK E' VIVO! E' LIBERO!
GINKO, COSA DICI?
L'UOMO CHE E' SALITO SULLA GHI-GLIOTTINA AVEVA UNA MASCHERA CHE RIPRODUCEVA LE SEMBIANZE DI DIABOLIK!
110

ISPETTORE, E' GEORGE CARON! _ E' STATO DE-CAPITATO IL SEGRE-TARIO DEL MINI-STRO DI GIUSTIZIA!
LEGGEMMO SUI GIOR-NALI TUTTO QUELLO CHE ERA AVVENU-TO IN CARCERE...
GINKO CAPI' IMMEDIATA-MENTE CHE IO ERO STATA LA TUA COMPLICE, DEL RESTO AVEVA GIA' INTUITO QUALCOSA AL PROCESSO.
111

ARRIVO' SUBITO ALLA CONCLUSIONE CHE AVEVI CORROTTO QUALCUNO E INTERROGO' TUTTO IL PERSONALE DELLA PRIGIONE... I DUE SECONDINI CONFESSARONO.
AVEVANO CREDUTO CHE FOSSE UN INCONTRO ESCLUSIVAMENTE AMOROSO E NON AVEVANO SOSPETTATO NEMMENO LONTANAMENTE CHE NELLA BARACCA CI FOSSE QUALCUNO.
IO ERO ARRIVATA SUL POSTO MEZZ'ORA PRIMA...
"GUIDAI L'AUTO ATTRAVERSO IL PRATO E MI FERMAI DAVANTI ALLA PORTA DELLA BARACCA.
112

DIO MIO, COME PESA! MA DEVO PORTARLO DENTRO A TUTTI I COSTI...
ORA DEVO NASCONDERE LA MACCHINA, COME HO PROMESSO AL SECONDINO.
FECI TUTTO IN GRAN FRETTA E TORNAI ALLA BARACCA CINQUE MINUTI PRIMA DEL TUO ARRIVO... AVEVO CON ME LA MASCHERA DEL TUO VOLTO, LA DROGA E LA SIRINGA, TUTTA ROBA CHE AVEVO TROVATO NELLA GROTTA.
113

AGIMMO SENZA FARE IL MINIMO RUMORE E QUANDO VENNE IL MOMENTO GEORGE CARON CON I MIEI ABITI E CON LA MASCHERA DEL MIO VOLTO USCI' DALLA CAPANNA E TORNO' IN CARCERE AL MIO POSTO.
GINKO SVELO' COMPLETAMENTE IL MISTERO SOLTANTO QUANDO VENNE A CONOSCENZA DEI RISULTATI DELL'AUTOPSIA.
114

FURONO TROVATE TRACCE DI SCOPOLAMINA, LA DROGA CHE AGISCE SU ALCUNI CENTRI NERVOSI.. GEORGE CARON NON CAPIVA QUELLO CHE FACEVA, MA UBBIDIVA AI COMANDI CHE GLI VENIVANO DATI.
COME UN AUTOMA USCI' DALLA CELLA E SALI' SULLA GHIGLIOTTINA ESEGUENDO GLI ORDINI DEL BOIA E NON SI RESE CONTO DI CIO' CHE STAVA PER ACCADERE.
115

TUTTI I GIORNALI SCRISSERO CHE CA-RON ERA BUONO E LEALE ... NESSUNO SEPPE MAI CHE DIETRO L'APPAREN-ZA RISPETTABILE SI CELASSE UN UOMO PRIVO DI SCRUPOLI.
SENZA DI TE NON SAREI RIUSCITO A SALVARMI... L'ARRESTO MI COLSE DI SORPRESA ED ERO IM-PREPARATO ALLA FUGA.
116

GINKO AVEVA PRESO MOLTE PRECAUZIONI, MA NON POTEVA IMMAGINARE CHE AVESSI UNA COMPLICE.
EVA, E' PASSATO TANTO TEMPO DA ALLORA E LA VITA ACCANTO A ME NON E' STATA FACILE, FORSE TU...
117

ZITTO AMORE! HO GIA' CAPITO COSA VUOI DIRE, **NO, NON RIMPIANGO NIENTE!**
FINE

IL GIALLO A FUMETTI

DIABOLIK

di A. e L. GIUSSANI

RICORDO D'ALTEA

PRONTO, GINKO?.. HO DECISO DI VENIRE A CLERVILLE, HO TANTA VOGLIA DI PASSARE QUALCHE GIORNO CON TE!

ALTEA, CARA! SONO FELICE, ANCH'IO HO VO-GLIA DI VEDERTI!
2

ARRIVERO' QUESTA SERA ALLE DIECI.- VIENI AL-L'AEROPORTO A PREN-DERMI?
CI SARO' SICU-RAMENTE./ A PRESTO, AMORE./

ALLE DIECI, GINKO E' ALL'AEROPORTO...
ECCO, L'AEREO SI PRE-PARA ALL'ATTER-RAGGIO./
3

BOOOM

ALTEA...
ALTEA...
FERMI.!
5

LASCIATEMI PASSARE.! MIA MOGLIE È SU QUELL'AEREO.!
AH.! MIA FIGLIA E' MORTA.!

GINKO, COME UN AUTOMA, LASCIA L'AERO-PORTO.

AMICO MIO, SO CHE OGNI PAROLA E' INUTILE... DEVI FARE APPELLO A TUTTO IL TUO CORAGGIO.'

8

NO, SENTO CHE MI MANCA LA FORZA DI SUPERARE QUESTO DOLORE, SONO UN UOMO DISTRUTTO.

ALTEA ERA LA DONNA IDEALE, AVEVA TUTTE LE QUALITÀ CHE DESIDERAVO, SENZA DI LEI LA MIA VITA È FINITA...
9

RICORDO COME FOSSE IERI QUANDO CI SIAMO CONOSCIUTI.- DIABOLIK AVEVA RUBATO I GIOIELLI DELLA CORONA, MA IL POPOLO DI BEGLAIT NON AVEVA CREDUTO AL FURTO, PENSAVA CHE IL RE AVESSE VENDUTO I GIOIELLI CHE APPARTENEVANO ALLO STATO E MINACCIAVA LA RIVOLUZIONE.!

UNA MATTINA FUI CHIAMATO DALL'AMBASCIATORE...

ISPETTORE, L'ALTRO IERI ABBIAMO RICEVUTO QUESTA LETTERA, MA HO CREDUTO A UNO SCHERZO!

QUESTA MATTINA È ARRIVATA UNA SECONDA LETTERA CON UNA FOTOGRAFIA ED ORA NON HO PIÙ DUBBI, È PROPRIO SCRITTA DA DIABOLIK!
11

CERTO! SOLO CHI È IN POSSESSO DEI GIOIELLI POTEVA FOTOGRAFARLI CON ACCANTO IL GIORNALE DI IERI!
QUEL DELINQUENTE DICE CHE SE SIAMO DISPOSTI A TRATTARE DOBBIAMO ESPORRE UN DRAPPO ROSSO ALLA FINESTRA...
HO GIÀ TELEFONATO AL CAPO DEL GOVERNO CHE MI HA DETTO DI TRATTARE LA RESTITUZIONE DEI GIOIELLI A QUALUNQUE PREZZO. SAPETE, LA COSA È TROPPO IMPORTANTE PER IL MIO PAESE E QUESTI SONO GLI ORDINI DELLA CASA REALE...
12

...CHE È DISPOSTA A RICEVERE ORDINI DA DIABOLIK...

È RIPUGNANTE, LO SO, MA IL TRONO VA SALVATO AD OGNI COSTO.!

UN MOMENTO! QUESTE DUE BUSTE SONO STATE IMBUCATE REGOLARMENTE.- LA POSTA PUO' INDIVIDUARE IL QUARTIERE DA DOVE SONO STATE SPEDITE.!
13

ECCELLENZA, NON FATE NIENTE FINO AL MIO RITORNO!
MA IO DEVO UBBIDIRE...
NON VI FARÒ ATTENDERE MOLTO! DIABOLIK SCRIVERÀ UN'ALTRA LETTERA CON LE SUE CONDIZIONI, PUÒ DARSI CHE RIUSCIAMO A CATTURARLO CON TUTTI I GIOIELLI.
14

UN'ORA DOPO, TORNAI ALL'AMBASCIATA COL CAPO DELLA POLIZIA SCIENTIFICA, IL DOTTOR CORRADO SILBER...

FORSE DIABOLIK COMMETTERÀ UN ERRORE...
VOLETE SPIEGARVI, ISPETTORE?
QUEL CRIMINALE DOVRÀ SPEDIRE UN'ALTRA LETTERA CON LE CONDIZIONI, SPERO CHE LA IMBUCHI NELLO STESSO POSTO.

PENSATE DI METTERE DEGLI AGENTI VICINO AD OGNI CASSETTA POSTALE?
MI CREDETE UNO SCIOCCO? DIABOLIK SE NE ACCORGEREBBE SUBITO!
16

ALLORA, COSA VOLETE FARE?
IL MIO AMICO SILBER HA TROVATO UN'OTTIMA SOLUZIONE CHE VI SPIEGHERÀ LUI STESSO.!

ECCO, ECCELLENZA.!- LE CASSETTE DELLA ZONA OVEST SONO DIECI E QUESTA NOTTE POTREBBERO ESSERE SOSTITUITE CON DELLE ALTRE IDENTICHE CHE SONO NEI MAGAZZINI DELLA POSTA...
17

...NELLE CASSETTE INSTALLEREMO TRE PICCOLE MACCHINE FOTOGRAFICHE A RAGGI INFRAROSSI IN GRADO DI FUNZIONARE ANCHE AL BUIO E OGNI VOLTA CHE QUALCUNO INTRODURRÀ UNA LETTERA, SCATTERANNO.!
VI FARÒ UNO SCHIZZO, COSÌ CAPIRETE MEGLIO.!
18

COME VEDETE, LE TRE MACCHINE FOTOGRAFICHE, INVISIBILI ALL'ESTERNO, FOTOGRAFERANNO LA PERSONA CHE IMBUCA E CONTEMPORANEAMENTE LE DUE FACCE DELLA BUSTA!
A
B
C

UN SISTEMA VERAMENTE INGEGNOSO! MA FARETE IN TEMPO PER QUESTA NOTTE?
CERTAMENTE! CHIEDEREMO RINFORZI A TUTTI I POSTI DI POLIZIA!
19

VOI ECCELLENZA, PERO', DOVETE ASPETTARE A FARE IL SEGNALE FINO A DOMATTINA!
PURTROPPO IO NON POSSO PRENDERE NESSUNA DECISIONE SENZA SENTIRE IL PARERE DEI MIEI SUPERIORI!
NON C'È TEMPO DA PERDERE, TELEFONATE SUBITO E CERCATE DI CONVINCERLI!
FARO' TUTTO IL POSSIBILE!
20

NON È STATO FACILE. – IL CAPO DEL GOVERNO ERA CONTRARIO, PER FORTUNA LA DUCHESSA ALTEA DI VALLENBERG HA PRESO LE VOSTRE PARTI ED È RIUSCITA A CONVINCERE IL RE CHE HA ORDINATO DI ASPETTARE FINO A DOMATTINA ALLE NOVE.

21

MOLTO BENE! DIABOLIK SARÀ ABILMENTE TRUCCATO, MA QUANDO AVRÒ VISTO LA SUA FOTOGRAFIA NON SARÀ DIFFICILE CATTURARLO!

LA MATTINA DOPO ALL'AMBASCIATA FU ESPOSTO UN DRAPPO ROSSO E DA QUEL MOMENTO RESTAMMO IN ATTESA DELLA TERZA LETTERA DI DIABOLIK.
22

ALCUNI AGENTI TRAVESTITI DA ADDETTI POSTALI ANDARONO OGNI DUE ORE A CAMBIARE I RULLINI CHE VENIVANO MAN MANO SVILUPPATI.!
LA POLIZIA SCIENTIFICA LAVORAVA SENZA TREGUA. - AVEVAMO UN'INFINITÀ DI FOTOGRAFIE, MA DELLA BUSTA CON L'INDIRIZZO DELL'AMBASCIATA DEL BEGLAIT NON C'ERA TRACCIA.!
23

VERSO SERA COMINCIAI A PREOCCUPARMI...
CORRADO, SEI SICURO CHE TUTTO ABBIA FUNZIONATO BENE?

GUARDA TU STESSO!

IL LAVORO È PERFETTO, MA TEMO CHE SIA STATO INUTILE... DIABOLIK NON HA SCRITTO LA LETTERA, SI METTERÀ IN CONTATTO CON L'AMBASCIATA IN ALTRO MODO!
NON ESSERE PESSIMISTA, FORSE HA SOLO IMBUCATO IN RITARDO!
25

RIMASI ALLA SCIENTIFICA TUTTA LA NOTTE E AL MATTINO...
ISPETTORE, AL TELEFONO.! E' L'AMBASCIATORE DEL BEGLAIT.!
BUONGIORNO, ECCELLENZA, PER ADESSO NULLA DI NUOVO.!
COSA?! AVETE RICEVUTO LA LETTERA DI DIABOLIK?.. MANDO SUBITO UN POLIZIOTTO A PRENDERLA.!
26

MALEDIZIONE! HA IMBUCATO IN UN ALTRO QUARTIERE!

POCO DOPO MI PORTARONO LA LETTERA...

MA È STATA IMBUCATA NEL SOLITO POSTO!
È IMPOSSIBILE, AVREI TROVATO LA FOTOGRAFIA!
27

DIABOLIK SCRIVE CHE DETTERÀ LE SUE CONDIZIONI DIRETTAMENTE AL RE DEL BEGLAIT.!

GINKO, FAMMI VEDERE...

QUESTO INDIRIZZO È STATO SCRITTO COL NITRATO D'ARGENTO, INCOLORE APPENA SCRITTO, MA CHE CON LA LUCE DIVENTA POCO A POCO VISIBILE.!

ALLORA QUANDO È STATA IMBUCATA NON SI VEDEVA L'INDIRIZZO DALL'AMBASCIATA?
ESATTO.! L'INDIRIZZO È APPARSO CIRCA UN'ORA DOPO.!
29

EPPURE NON ABBIAMO TROVATO NESSUNA FOTOGRAFIA CHE RIPRODUCESSE BUSTE BIANCHE...
ASPETTA, FORSE C'È QUALCOSA D'ALTRO! – VOGLIO SOTTOPORRE QUESTA BUSTA AD ALCUNE ANALISI CHIMICHE!

GLI UOMINI DELLA SCIENTIFICA SI MISERO SUBITO AL LAVORO E IN BREVE TEMPO TROVARONO LA SOLUZIONE DEL MISTERO...
30

CERCATE LA FOTOGRAFIA CON L'INDIRIZZO... GIORGIO MOLLAND, VIA SAN PAOLO 18.
C'ERANO DUE INDIRIZZI?
SÌ, IL PRIMO ERA STATO SCRITTO CON INCHIOSTRO FOTOLABILE, CIOÈ CHE SVANISCE SOTTO L'EFFETTO DELLA LUCE.- COSÌ MENTRE UN INDIRIZZO SPARIVA, L'ALTRO DIVENTAVA VISIBILE.
31

QUESTO SIGNIFICA CHE NON È DIABOLIK A IMBUCARE LE LETTERE, MA QUALCUN ALTRO CHE IGNORA DI AVER A CHE FARE COL TERRIBILE CRIMINALE!

DOTTOR SILBER, L'HO TROVATO!
32

ECCOLO! DALLA DIVISA SI DIREBBE UN PORTIERE!

IO ARRIVAI SUL POSTO E FECI CIRCONDARE IL PALAZZO, POI ENTRAI IN PORTINERIA...

BUONGIORNO! CHI CERCATE?

POLIZIA!.. CERCHIAMO TE!
POLIZIA?!.. MA IO NON HO FATTO NIENTE!.
34

LO SO.! VOGLIO SAPERE CHI TI HA DATO DELLE LETTERE DA IMBUCARE IN QUESTI ULTIMI GIORNI? **PARLA.!** ALTRIMENTI TI PORTIAMO DENTRO.!

IL CONTE DRAM...

PER NON FAR RUMORE SALIMMO CON L'ASCENSORE FINO AL 7° PIANO, POI PROSEGUIMMO A PIEDI...

... A UN MIO CENNO DUE AGENTI DIEDERO UNA SPALLATA ALLA PORTA...

IN ALTO LE MANI O SPARO.!
36

VIA QUESTA MASCHERA, DIABOLIK.!

UN MOMENTO! I VOSTRI UOMINI MI HANNO CHIAMATO DIABOLIK... ALLORA QUEL CRIMINALE È STATO QUI MENTRE IO ERO VIA...
QUANDO SIETE TORNATO?
QUESTA NOTTE VERSO LE TRE E SONO ANDATO SUBITO A LETTO, PERÒ RICORDO CHE A UN CERTO MOMENTO HO SENTITO UN RUMORE, COME SE QUALCUNO ENTRASSE IN CASA...
38

... MI SONO MESSO IN ASCOLTO, MA NON HO SENTITO PIÙ NULLA E HO CREDUTO DI ESSERMI SBAGLIATO.!
ERA DIABOLIK.! HA VISTO LE VOSTRE VALIGIE IN ANTICAMERA ED È FUGGITO.!
AH! LA CASSAFORTE DEL NEGOZIO È PIENA DI MONETE D'ORO.!
39

UNA CHIAVE LA TENGO SEMPRE CON ME, L'ALTRA E' NELLA SCRIVANIA...
...IL CASSETTO E' STATO FORZATO, LA CHIAVE NON C'È PIU'!
IL CONTE DRAM ERA UN RICCO ANTIQUARIO, ANDAMMO SUBITO NEL SUO NEGOZIO, POCO LONTANO...
40

LA CASSAFORTE È DIETRO QUESTO QUADRO...

VUOTA.!
MI HA RUBATO TRENTA MILIONI IN MONETE E NON ERO NEMMENO ASSICURATO.!
QUEL MALEDETTO NON HA PERSO TEMPO.! MENTRE RICATTAVA L'AMBASCIATA VI DERUBAVA.!
42

GINKO, PERCHÈ DIABOLIK PRESE IL POSTO DEL CONTE DRAM?
PERCHÈ AVEVA BISOGNO DI UN APPARTAMENTO DAL QUALE SI POTESSE OSSERVARE IL PALAZZO DELL'AMBASCIATA. DOVEVA VEDERE IL SEGNALE E FRA TUTTE LE ABITAZIONI DI QUEL-LA ZONA, LA CASA DEL CONTE ERA L'UNICA VUOTA.
DIABOLIK AVEVA SAPU-TO DAI GIORNALI CHE DRAM ERA IN VIAGGIO SUL SUO PANFILO. LA CRONACA MONDANA SI OCCUPA-VA MOLTO DEL RICCO AN-TIQUARIO E PUBBLICAVA SPESSO DELLE FOTOGRA-FIE. QUESTE GLI SERVI-RONO PER FARE LA MASCHERA.
43

CREDI CHE DIABOLIK SIA GIÀ RIUSCITO A PORTARE I GIOIELLI NEL BEGLAIT?

NON È POSSIBILE! DA QUANDO È AVVENUTO IL FURTO LE FRONTIERE SONO SORVEGLIATISSIME!

44

VIAGGIATORI E BAGAGLI VENGONO ACCURATAMENTE PERQUISITI.- ANCHE IL CONFINE ATTRAVERSO LE MONTAGNE PULLULA DI AGENTI TRAVESTITI DA CONTADINI E PASTORI, QUINDI NESSUNO PUO' PASSARE DI NASCOSTO.!

IN MARE SUCCEDE LA MEDESIMA COSA, LE GUARDIE COSTIERE CONTROLLANO TUTTE LE IMBARCAZIONI E CI SONO ANCHE DEI SOMMOZZATORI CHE PERLUSTRANO LA COSTA, CASO MAI QUEL CRIMINALE USASSE UN MEZZO SUBACQUEO.!
45

PASSO' UNA SETTIMANA SENZA NESSUNA NOTIZIA POI, UNA MATTINA, L'AMBASCIATORE VENNE NEL MIO UFFICIO...

ECCELLENZA, VOI QUI? ANCORA DIABOLIK, VERO?

E COSA SCRIVE?
CHE E' PRONTO A CONSEGNARE I GIOIELLI!

NOOO! NON PUO' ESSERE USCITO DI QUI CON LA REFURTIVA!

GINKO, RASSEGNATEVI! DIABOLIK CE L'HA FATTA MALGRADO LA RIGOROSA SORVEGLIANZA. DEL RESTO SAPPIAMO TUTTI CHE DALLA SUA MENTE NASCONO LE IDEE PIU' INFERNALI!
47

RESTITUIRÀ I GIOIELLI POCO PER VOLTA COSÌ SARÀ SICURO CHE NON GLI TENDERANNO TRANELLI.– PER LA CONSEGNA FINALE ESCOGITERÀ CERTAMENTE QUALCHE TRUCCO CHE GLI PERMETTERÀ DI FUGGIRE IN TEMPO.– PUÒ DARSI CHE RINUNCI ALL'ULTIMA RIMESSA DI DANARO.–

GINKO, NON SO A CHE COSA STIATE PENSANDO, MA SE PER CASO VI VENISSE IN MENTE DI RAGGIUNGERE QUEL CRIMINALE **NON** LO FATE!

TUTTA LA POLIZIA DEL BEGLAIT SAREBBE CONTRO DI VOI PERCHÈ IN QUESTO MOMENTO SOLO DIABOLIK PUÒ SCONGIURARE LA TRAGEDIA DI UNA GUERRA CIVILE!
GRAZIE DEL CONSIGLIO!
49

L'AMBASCIATORE ERA STATO CHIARO, MA IO NON POTEVO RASSEGNARMI ALL'IDEA DI SAPERE DOV'ERA DIABOLIK E NON POTERLO ARRESTARE.
ALL'AMBASCIATA AVEVO SAPUTO CHE LA DUCHESSA ERA DALLA MIA PARTE E CHE ANCHE LEI NON VOLEVA SOTTOSTARE AL RICATTO. - DECISI DI PARTIRE PER IL BEGLAIT IN SEGRETO!
50

ARRIVAI DI NOTTE AL CASTELLO DI VALLENBERG E AGII COME UN LADRO...
NESSUNO DOVEVA VEDERMI E DECISI DI ENTRARE DALLA FINESTRA...
LA DUCHESSA DI VALLENBERG ACCETTERÀ LA MIA PROPOSTA.- DEVE ESSERE UNA VECCHIA DISPOTICA, MA IO SAPRÒ COME PRENDERLA...
51

NON URLATE, NON AVETE NULLA DA TEMERE.! SONO L'ISPETTORE GINKO, CHIEDO IL VOSTRO AIUTO PER CATTURARE DIABOLIK.!

COM'È BELLA E GIOVANE.! E IO CHE CREDEVO FOSSE VECCHIA...
MI DISPIACE, NON POSSO FAR NIENTE.! - IL TESORO DELLA CORONA, PER IL MIO PAESE, È PIÙ IMPORTANTE DI DIABOLIK.!
52

COL MIO PIANO, OLTRE AD ARRESTARE DIABOLIK, SCOPRIRO' ANCHE IL NASCONDIGLIO DEI GIOIELLI E LI AVRETE SENZA SOTTOSTARE AL RICATTO.!
ACCOMODATEVI E DITEMI COSA AVETE INTENZIONE DI FARE.!
RESTARE NASCOSTO IN CASA VOSTRA E QUANDO VERRÀ DIABOLIK METTERGLI UN SEGNALATORE SOTTO L'AUTO.!
53

E SE VI SCO-
PRISSERO?
SPERO DI NO, COMUNQUE VAL LA PENA DI TENTARE.!

VA BENE, VI AIUTERO'.! NESSUNO SAPRA' DELLA VOSTRA PRESENZA QUI, SALVO LODOVICO.
54

CHI È?
IL MIO MAGGIORDOMO, È FIDATISSIMO!

LA SIGNORA DUCHESSA HA SUONATO?

LODOVICO, PREPARA UNA CAMERA ALL'ULTIMO PIANO, L'ISPETTORE RIMARRÀ AL CASTELLO, MA NESSUNO DEVE SAPERLO!
55

SALII NELLA MIA STANZA MOLTO SODDISFATTO, ERO SICURO CHE AVREI CATTURATO DIABOLIK. - MALGRADO LA STANCHEZZA NON RIUSCII A DORMIRE SUBITO...

...IL VOLTO DI ALTEA MI ERA SEMPRE DAVANTI. UN VOLTO DOLCISSIMO E DECISO NELLO STESSO TEMPO. GUSTAVO, NON LO SAPEVO ANCORA, MA IO ERO GIÀ INNAMORATO DI LEI.
56

PER TUTTA LA GIORNATA RIMASI CHIUSO IN CAMERA MIA, ERO D'ACCORDO CON LA DUCHESSA CHE SAREBBE VENUTA LEI STESSA AD AVVISARMI DELL'ARRIVO DI DIABOLIK...
... MA PASSARONO QUATTRO GIORNI E QUEL CRIMINALE NON SI FACEVA VIVO.- ALTEA, QUANDO LA SERVITÙ SI RITIRAVA, SALIVA A FARMI UNA BREVE VISITA.
57

ANCHE OGGI NIENTE.! DIABOLIK SEMBRA SPARITO NEL NULLA.!
TEMO CHE ABBIA CAMBIATO IDEA, FORSE NON SI È FIDATO E HA PREFERITO VENDERE I GIOIELLI.!

TOC TOC

SIGNORA DUCHES-SA, E' ARRIVATO IL PRINCIPE DANILO.!
SCENDO SUBITO.!

SPERO CHE CI SIANO BUONE NOTIZIE.! APPENA POSSIBILE VERRO' AD INFORMARVI.!
VI ASPETTO.!
59

UN'ORA DOPO LODOVICO MI DISSE CHE IL PRINCIPE SE N'ERA ANDATO E CHE ALTEA MI ASPETTAVA IN SALOTTO.

DIABOLIK È PRONTO A CONSEGNARE I GIOIELLI.– IN TUTTO VUOLE 20 MILIARDI, DOMANI ALLE TRE DEL POMERIGGIO NE CONSEGNERÀ UNA PARTE, NOI COME PRIMO PAGAMENTO DOVREMO DARGLI UN MILIARDO.
60

IL BANCHIERE MURFEN PORTERÀ IL DANARO E VERRÀ ANCHE UN ESPERTO IN PIETRE PREZIOSE PER IL CONTROLLO, NON VORREMMO CHE DIABOLIK CONSEGNASSE DEI FALSI.
PER PRUDENZA CI SARANNO ANCHE DEI POLIZIOTTI, PERÒ SI MUOVERANNO SOLTANTO NEL CASO IN CUI DIABOLIK NON MANTENESSE I PATTI!
61

ACCIDENTI, QUESTO NON CI VOLEVA.! I POLIZIOTTI MI VEDRANNO METTERE IL SEGNALATORE.!
STATE TRANQUILLO.! SARANNO IN FONDO AL PARCO E NON VI VEDRANNO.!
IO HO CHIESTO DI ESSERE PRESENTE ALLO SCAMBIO.- SICURAMENTE IL PRINCIPE HA CREDUTO CHE FOSSI CURIOSA DI VEDERE DIABOLIK, INVECE L'HO FATTO PER AIUTARVI.!
62

STARO' VICINO ALLA FINESTRA E SE PER CASO DIABOLIK USCISSE PRIMA DEL PREVISTO LO FERMERO' CON UNA SCUSA.!
VOI, PARLARE A DIABOLIK?
L'IMPORTANTE È CHE RIUSCIATE A METTERE IL SEGNALATORE SOTTO LA SUA AUTO.!
SIETE UNA DONNA MOLTO DECISA, AVETE TUTTA LA MIA AMMIRAZIONE.!
63

IL GIORNO DOPO, ALLE TRE, DALLA FINESTRA DELLA MIA STANZA VIDI UN'AUTO SALIRE VERSO IL CASTELLO...

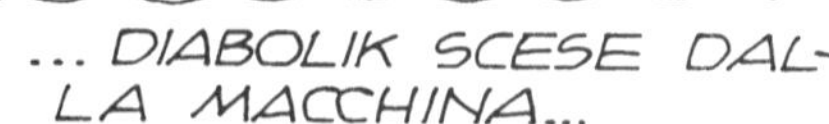

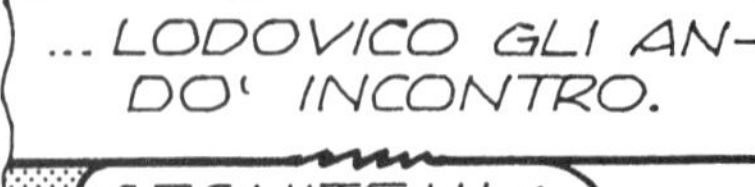

MENTRE IL MIO GRANDE NEMICO ENTRAVA NELLA SALA AZZURRA, IO SCENDEVO LE SCALE E USCIVO IN GIARDINO...

LE PIETRE SONO AUTENTICHE.!
INTANTO, IO METTEVO IL SEGNALATORE SOTTO L'AUTO DI DIABOLIK.
LA PRESENZA DI UNA DONNA TANTO BELLA E AFFASCINANTE MI ONORA...
66

MA CHI VI HA MESSO DI GUARDIA HA SBAGLIATO SE PENSAVA CHE NON MI SAREI INSOSPET-TITO.!
GINKO.!!!
MALEDETTO!
67

L'ISPETTORE GINKO QUI?
CAPITANO, VENITE, PRESTO.!

NOI IGNORAVAMO LA PRESENZA DELL'ISPETTORE.!

SOTTO LA MIA MACCHINA CI DEVE ESSERE UN SEGNALATORE, **TOGLIETELO.!**
68

LA RESPONSABILITÀ È MIA.! SOLO IO SAPEVO CHE L'ISPETTORE GINKO ERA A VALLENBERG!
ALTEA, NON DOVEVATE FARE UNA COSA SIMILE.! SAPETE BENE QUANTO È IMPORTANTE QUESTO AFFARE PER NOI.!
RIPRENDERÒ LA CONSEGNA DEI GIOIELLI QUANDO QUELL'UOMO AVRÀ LASCIATO IL PAESE.!
69

DOVEVO IMMAGINARLO.!
QUEL CRIMINALE SENTE
IL PERICOLO A DISTANZA...
È INAUDITO.!
UN DELINQUEN-
TE PROTETTO
DALLA POLIZIA
E UN POLIZIOT-
TO SCACCIATO
DAL PAESE.!
70

ISPETTORE, CI RENDIAMO CONTO DELL'INCRESCIOSA SITUAZIONE, MA NOI ABBIAMO UNA MISSIONE DA COMPIERE.
CAPISCO...

COL TRENO DI QUESTA SERA LASCERETE IL BEGLAIT, DUE UFFICIALI DI POLIZIA VI ACCOMPAGNERANNO AL CONFINE!

NATURALMENTE FINO ALL'ORA DELLA PARTENZA SARETE SORVEGLIATO!
CONOSCO LA PROCEDURA PER GLI INDESIDERATI!
VENITE, ISPETTORE, LA MIA CASA E' A VOSTRA DISPOSIZIONE!
71

RIMASI CON ALTEA FINO ALL'ORA DELLA PARTENZA E FUORI DALLA PORTA DEL SALOTTO C'ERANO DUE GUARDIE.!

...DUE ORE DOPO ARRIVAI AL CONFINE E I MIEI ACCOMPAGNATORI MI LASCIARONO...

AMMIRO MOLTO QUELLO CHE AVETE FATTO, AVREI AGITO ANCH'IO COME VOI! QUESTI CONTATTI CON DIABOLIK RIPUGNANO A TUTTA LA POLIZIA!
73

BUON VIAGGIO, GINKO, È STATO UN ONORE AVERVI CONOSCIUTO!

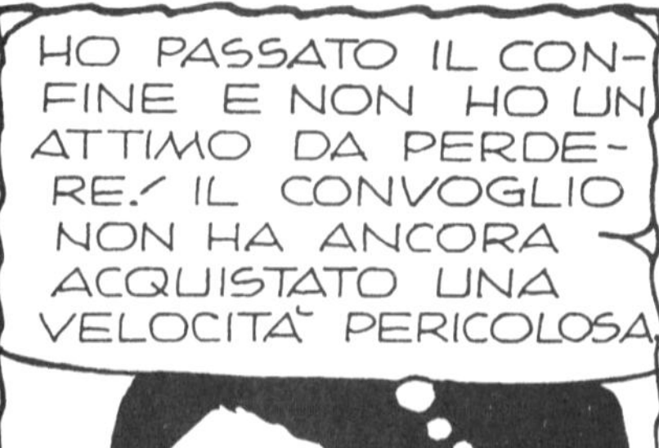
HO PASSATO IL CONFINE E NON HO UN ATTIMO DA PERDERE! IL CONVOGLIO NON HA ANCORA ACQUISTATO UNA VELOCITÀ PERICOLOSA

74

FRA TUTTI QUESTI TRENI MERCI CE NE SARÀ PURE UNO CHE È DIRETTO NEL BEGLAIT...

ECCOLO! MALEDIZIONE, PROPRIO IL CARBONE MI DOVEVA CAPITARE!
BEGLAIT
T 270115
FORSE È MEGLIO! LA DOGANA NON FRUGA IN UN VAGONE DI CARBONE!

FINALMENTE SI PARTE.! FRA POCHI MINUTI SARO' DI NUOVO IN BEGLAIT.- NON RINUNCERO' A QUEL CRIMINALE, QUALUNQUE COSA ACCADA. STUDIERO' UN ALTRO PIANO PER SCOPRIRE DOVE SI NASCONDE.
BEGLAIT

ORA C'È LA STAZIONE DI MASTER, POI COMINCIA UNA CURVA IN SALITA. IL TRENO RALLENTA NOTEVOLMENTE.!

CI SIAMO.!
76

ACCIDENTI! HO PRESO UN COLPO ALLA TESTA!
77

DIO MIO, GINKO, SIETE FERITO?
COSA DA POCO!

PRESTO, SALIAMO IN MACCHINA E TORNIAMO SUBITO AL CASTELLO!

DUCHESSA, GRAZIE PER TUTTO QUELLO CHE STATE FACENDO PER ME!

ERO DALLA VOSTRA PARTE QUANDO ANCORA NON VI CONOSCEVO, ORA CHE HO AVUTO MODO DI APPREZZARE IL VOSTRO CORAGGIO VI AIUTERO' FINO IN FONDO!
79

POCO DOPO ARRIVAMMO AL CASTELLO...
HO DATO UN PERMESSO A TUTTI I DOMESTICI, C'È SOLO LODOVICO IN SERVIZIO, COSÌ POSSIAMO STARE TRANQUILLI!

MA VOI PERDETE SANGUE DALLA FRONTE...
NON ALLARMATEVI, DUCHESSA, È SOLTANTO UNA GRAFFIATURA!
80

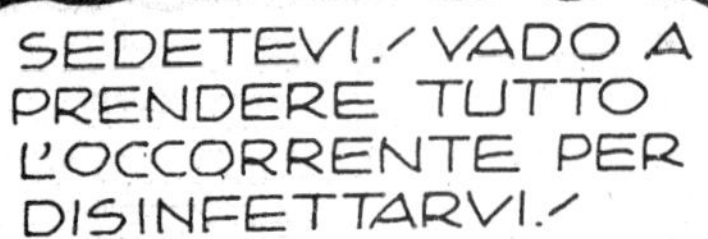
SEDETEVI.! VADO A PRENDERE TUTTO L'OCCORRENTE PER DISINFETTARVI.!

CHE DONNA MERAVIGLIOSA.! SEMBRA FRAGILE COME UNA STATUINA DI PORCELLANA E HA UNA FORZA DI CARATTERE SORPRENDENTE.!

ALTEA TORNO' CON LA CASSETTA DEL PRONTO SOCCORSO E IO LA GUARDAVO AMMIRATO...

81

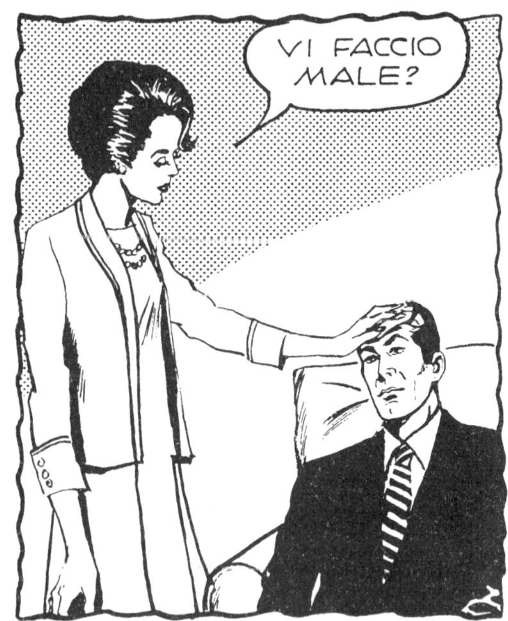

A VOI... NON RICORDO DI AVER VISTO DEGLI OCCHI TANTO BELLI, SEMBRANO DUE LEMBI DI CIELO.!

82

DUCHESSA, SCUSATEMI, NON SO COSA MI SIA CAPITATO...
QUELLO CHE È CAPITATO A ME...

...DAL PRIMO MOMENTO CHE TI HO VISTO.
ALTEA!
83

MIO MARITO È MORTO CINQUE ANNI FA , E NON HO AMATO NESSUN ALTRO FINO A QUESTO MOMENTO!
84

QUELLA NOTTE NON RIUSCII A DORMIRE, IL PENSIERO DI ALTEA NON MI ABBANDONO' UN MINUTO ED ERO FELICE COME NON MAI.
BASTA! STO COMPORTANDOMI COME UN RAGAZZINO...

SONO LE SEI DEL MATTINO! ANDRO' A FARE UNA PASSEGGIATA! UN PO' D'ARIA FRESCA MI SCHIARIRÀ LE IDEE... DEVO PENSARE A DIABOLIK!
85

POCO DOPO SCESI NELLO STUDIO E LODOVICO MI VENNE INCONTRO...
BEN ALZATO, SIGNOR ISPETTORE, VOLETE LA COLAZIONE?
SOLO UN CAFFÈ, GRAZIE!

SARETE SERVITO SUBITO! SU QUEL TAVOLO CI SONO I GIORNALI DEL MATTINO!

ACCIDENTI! IL CONTE DRAM È MORTO ANNEGATO! IL SUO CORPO È STATO TROVATO SULLE COSTE DELLA CITTÀ DI ISLAND. - I SOMMOZZATORI STANNO CERCANDO IL PANFILO CHE È SICURAMENTE AFFONDATO IN QUEI PARAGGI.
86

CHE STRANA COINCIDENZA... DIABOLIK È STATO IN CASA SUA E DOPO POCHI GIORNI AVVIENE UNA DISGRAZIA... MA SARÀ VERAMENTE TALE?

LODOVICO, AVETE UNA CARTA GEOGRAFICA?
VE LA PORTO SUBITO.!

OSSERVAI ATTENTAMENTE LA CARTA GEOGRAFICA E UNO SPIRAGLIO DI LUCE SI FECE LARGO NELLA MIA MENTE...
87

FRA VALLENBERG E ISLAND CI SARANNO CIRCA CENTO CHILOMETRI... UN MOTOSCAFO PUO' FARLI IN DUE ORE...
È STATO PROPRIO DIABOLIK A SCEGLIERE IL CASTELLO DI VALLENBERG PER LA CONSEGNA DEI GIOIELLI E... QUEL CRIMINALE NON FA MAI NIENTE SENZA UNO SCOPO BEN PRECISO.!
88

LODOVICO, CI SONO DEI RESPIRATORI AL CASTELLO?
CERTO! LA SIGNORA DUCHESSA ORGANIZZA SPESSO DELLE GARE DI CACCIA SUBACQUEA E ABBIAMO PARECCHIE ATTREZZATURE COMPLETE!

ME NE SERVIREBBE UNA SUBITO!
SEGUITEMI NEL PADIGLIONE IN RIVA AL MARE. TROVERETE TUTTO QUELLO CHE VI OCCORRE!
89

INTANTO ALTEA SI ERA ALZATA ED ERA SCESA PER LA COLAZIONE...
LODOVICO, L'ISPETTORE RIPOSA ANCORA?
NO, SIGNORA DUCHESSA! HA CHIESTO I RESPIRATORI, SONO GIÀ DUE ORE CHE STA ESPLORANDO IL MARE!
DUE ORE! E NON È ANCORA TORNATO!.. SONO PREOCCUPATA!..
PREPARA IL MOTOSCAFO! ANDIAMO A CERCARLO!
90

NEL FRATTEMPO IO AVEVO LA CONFERMA AI MIEI SOSPETTI... DIABOLIK AVEVA AFFONDATO IL PANFILO DEL CONTE DRAM AL LARGO DEL CASTELLO DI VALLENBERG...

CATALINA

ECCO PERCHÈ HA RITARDATO LA CONSEGNA DI QUATTRO GIORNI!

UN MARINAIO... È STATO PUGNALATO.

MI ADDENTRAI SILENZIOSAMENTE NEL PANFILO E A UN TRATTO...
DIABOLIK!

GINKO.!

DIABOLIK TENTO' DI COL-
PIRMI CON LA SBARRA...

... MA IO RIUSCII A
DISARMARLO.

LOTTAMMO DISPERATAMENTE...

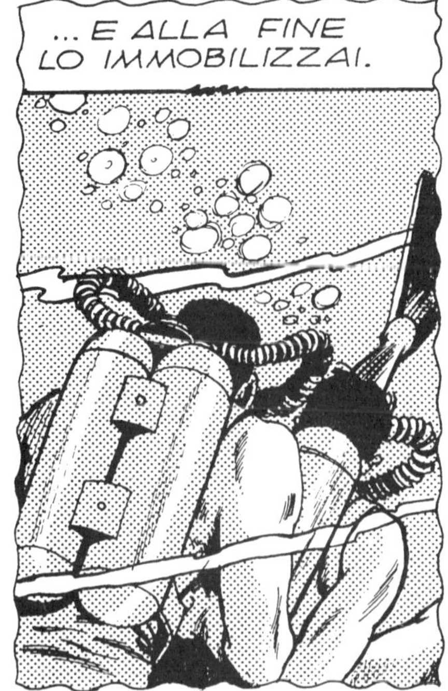
... E ALLA FINE LO IMMOBILIZZAI.

STAVO TRASCINANDOLO IN SUPERFICIE, QUANDO SOPRAGGIUNSE EVA KANT...
94

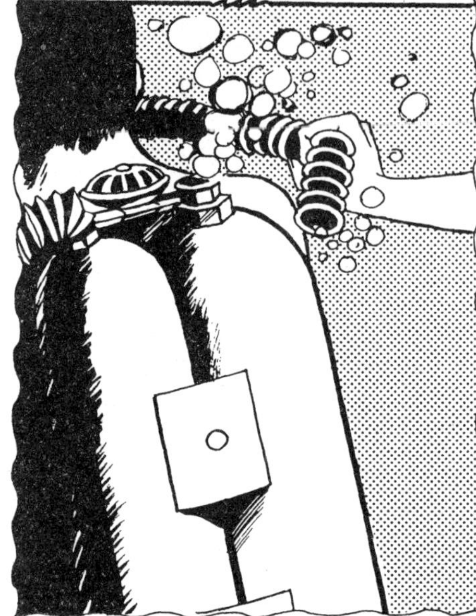
...CHE STRAPPÒ IL TUBO DALLA MIA BOMBOLA.

RIMASTO SENZ'ARIA FUI COSTRETTO A LASCIARE LA PRESA...

...RISALII A GALLA, MA SENTII CHE STAVO PER PERDERE LE FORZE.
95

QUANDO RIPRESI I SENSI VIDI LODOVICO DAVANTI A ME...

DOVE SONO? CHE È SUCCESSO?

SIETE AL CASTELLO, MA STATE CALMO, AVETE BISOGNO DI RIPOSO!

LO SAPPIAMO, I SOMMOZZATORI DELLA POLIZIA LI HANNO GIÀ RECUPERATI.– MENTRE VI STAVAMO TIRANDO SUL MOTOSCAFO AVETE MORMORATO... GIOIELLI... LÌ SOTTO E POI AVETE CESSATO DI RESPIRARE.!
CESSATO DI RESPIRARE?!.. MA ALLORA...

COSA FATE? NON POTETE ALZARVI./ IL MEDICO DI CORTE HA DETTO CHE DOVRETE LASCIARE IL LETTO QUANDO LO DIRÀ LUI E FRA POCO TORNERÀ A VISITARVI./
E IO AVRÒ PIACERE DI CONOSCERLO./

SIGNORA DUCHESSA, L'ISPETTORE...
DIO MIO./ COS'È SUCCESSO? STA MALE?

OH, NO... TUTT'ALTRO./ SI È ALZATO./
DOVEVI IMPEDIRGLIELO./
98

CI HO PROVATO, MA NON HA VOLUTO ASCOLTAR RAGIONE. È PIUTTOSTO AUTO-RITARIO!
SONO TESTARDO!
GINKO!
99

CHE NE È STATO DI DIABOLIK?
QUANDO S'È VISTO SCOPERTO, HA ABBANDONATO I GIOIELLI ED È FUGGITO CON LA SUA COMPLICE.- LA NOSTRA POLIZIA STAVA ARRIVANDO E NON AVEVA TEMPO DA PERDERE!

ALCUNI PESCATORI A DUE CHILOMETRI DA QUI HANNO DETTO DI AVER VISTO UN UOMO E UNA DONNA USCIRE DALL'ACQUA E CORRERE VERSO UN'AUTO NASCOSTA FRA I CESPUGLI. SONO PARTITI A TUTTA VELOCITÀ!
100

COME MAI I GIOIELLI ERANO NASCOSTI NEL PANFILO DEL CONTE DRAM?
DIABOLIK È STATO IN CASA SUA E FRUGANDO FRA CARTE E DOCUMENTI HA SCOPERTO CHE IL CONTE DOVEVA CONSEGNARE DEI PEZZI DI ANTIQUARIATO A UN INDUSTRIALE DI ISLAND QUINDI NASCOSE I GIOIELLI NELLE CASSE GIÀ PRONTE.
PER ANDARE A ISLAND IL PANFILO DOVEVA PASSARE DAVANTI ALLA COSTA DI VALLENBERG, ECCO PERCHÈ QUEL CRIMINALE SCELSE IL TUO CASTELLO PER LO SCAMBIO, AVEVA GIÀ DECISO DI AFFONDARE IL PANFILO QUI DAVANTI.
101

NON È FACILE FERMARE UN PANFILO...
DIREI IMPOSSIBILE, SALVO CHE PER UNA MOTOVEDETTA DELLA GUARDIA COSTIERA E CREDO CHE DIABOLIK ABBIA PROPRIO USATO QUESTO TRUCCO!

CON LA SCUSA DI UN CONTROLLO È SALITO A BORDO!
SONO STATI TROVATI TRE MARINAI MORTI, UNO STRANGOLATO E GLI ALTRI DUE PUGNALATI. COME AVRÀ FATTO AD UCCIDERLI SENZA CHE IL CONTE SE NE ACCORGESSE?
102

CREDO DI INTUIRE COME SIANO AN-DATE LE COSE...

DIABOLIK GUARDO' I DO-CUMENTI E CHIESE DI CONTROLLARE LA MERCE.

...UN MARINAIO LO ACCOMPAGNO' NEL-LA STIVA...

...E LUI LO STRANGOLO' SENZA FARLO URLARE.
103

UN UOMO FU TROVATO PUGNALATO NELLA SUA CUCCETTA!
E ANCHE QUESTI NON GRIDÒ PERCHÈ PASSÒ DAL SONNO ALLA MORTE SENZA ACCORGERSENE!

A BORDO ORMAI RIMANEVANO SOLO DUE PERSONE VIVE E PER DIABOLIK FU MOLTO FACILE UCCIDERNE UNA E TRAMORTIRE L'ALTRA. – IL CONTE DRAM GLI SERVIVA SVENUTO PERCHÈ POI L'AVREBBE ANNEGATO!
184

SGOMINATO L'EQUIPAGGIO, APRÌ UNA FALLA NEL PANFILO...

...POI TORNÒ SUL SUO MOTOSCAFO, PORTANDO CON SÉ IL CONTE.

IL RITROVAMENTO DEL CADAVERE SULLA COSTA DI ISLAND SVIÒ LE INDAGINI. I SOMMOZZATORI CERCAVANO IL PANFILO IN QUELLA ZONA, MENTRE INVECE ERA QUI.!
105

E TU SEI ARRIVATO IN TEMPO A SCOPRIRE TUTTO!– SEI UN UOMO FORMIDABILE! IL SOLO CHE POSSA LOTTARE CONTRO DIABOLIK!

ALTEA MI FU SEMPRE ACCANTO E QUANDO LASCIAMMO LA FESTA...

È STATA LA PIÙ BELLA SERATA DELLA MIA VITA...

...MA ANCHE LA PIÙ TRISTE, DOMANI SARÒ SOLA!
DOMANI FINIRÀ IL SOGNO DI UN POLIZIOTTO INNAMORATO PERDUTAMENTE DELLA MERAVIGLIOSA DUCHESSA DI VALLENBERG!
107

OH, GINKO! NON PUO' FINIRE, NON VOGLIO!
ALTEA, QUESTO AMORE E' IMPOSSIBILE, MA LO PORTERO' NEL CUORE FINCHE' VIVRO'!
108

TI AMO, GINKO!
TACI, TI PREGO, MI FAI SOFFRIRE DI PIÙ!

IL GRANDE AMORE ERA NATO E NE' L'UNO NE' L'ALTRA POTEMMO SFUGGIRGLI! IO CON ALTEA SONO STATO UN UOMO FELICE!

ORA NON C'È PIÙ! ALTEA E' MORTA... E IO NON POSSO RASSEGNARMI!
DRIIIN!
110

GUSTAVO, RISPONDI TU, IO NON CI SONO PER NESSUNO!

PRONTO?.. NO, L'ISPETTORE NON C'È, CHI PARLA?

COSA?

GINKO, AL TELEFONO C'È... **ALTEA**!
111

NON CAPISCI CHE È UNO SCHERZO DI QUALCHE DI-SGRAZIATO... NON SI È SALVATO NESSUNO!
ALTEA CHIAMA DA VALLENBERG... NON ERA SU QUELL'AEREO!
COSA ASPETTAVI A DIRMELO?
NON MI HAI LASCIA-TO FINIRE DI PAR-LARE...
112

ALTEA, CARA... CARA!
AMORE, MENTRE ANDAVO ALL'AE-ROPORTO HO AVU-TO UN INCIDENTE.
LA MIA MACCHINA S'È SCON-TRATA CON UN CAMION, L'AUTISTA È RIMASTO FERITO ALLA TESTA, IO HO UN BRACCIO ROTTO.- ORA SONO IN CLINICA!
113

OH, COME SONO CONTENTO.!
COME?!..
SEI CONTENTO CHE IO ABBIA AVUTO UN IN-CIDENTE?
114

SÌ, CONTENTISSIMO! – L'AEREO CON CUI DOVEVI ARRIVARE È PRECIPITATO MENTRE ATTERRAVA! – HO PASSATO DELLE ORE DI DISPERAZIONE... TI AMO TANTO!

PRENDO QUALCHE GIORNO DI FERIE E VENGO A TROVARTI, DOPO QUELLO CHE HO SOFFERTO, HO BISOGNO DI STARE VICINO A TE!
115

TI ASPETTO, AMORE!
GUSTAVO, MI SEMBRA DI TORNARE A VIVERE!
VAI A RIPOSARE, GINKO, NE HAI BISOGNO!
IL GIORNO DOPO...
GINKO, CHE GIOIA VEDERTI!
116

DOMANI USCIRO' DALLA CLINICA E ANDREMO AL CASTELLO.!
QUANTO HO PENSATO A VALLENBERG.! LÀ È NATO IL NOSTRO AMORE E L'ALTRA NOTTE HO RIVISSUTO MINUTO PER MINUTO IL NOSTRO PRIMO INCONTRO.!
QUANDO MI HAI DETTO CHE L'AEREO ERA PRECIPITATO HO AVUTO UNO SHOCK, PENSA SE NON AVESSI AVUTO L'INCIDENTE...
TACI, AMORE, TI PREGO.! HO GIÀ SOFFERTO ABBASTANZA.!
117

SENZA DI TE, SAREI UN UOMO FINITO!– TI AMO!
ANCH'IO!
FINE DELL'EPISODIO

IL GIALLO A FUMETTI
DIABOLIK
di A. e L. GIUSSANI
UN AMORE NUOVO

STASERA IL CALDO
E' INSOPPORTABILE.!

CARO, PERCHE' NON ANDIAMO
ALL'IPPODROMO? LI' ALMENO
C'E' FRESCO.! E POI CI DIVERTI-
REMO SEGUENDO LE CORSE!
NO.! RESTERE-
MO QUI.!!
2

VOGLIO LEGGERE I GIORNALI E SENTIRE UN PO' DI MUSICA!
RESTERAI QUI!! IO ESCO, ANCHE SENZA DI TE!

D'ACCORDO! VENGO! MA SARO' DI MALUMORE TUTTA LA SERATA!
IO INVECE MI DIVERTIRO' MOLTISSIMO!

PIU' TARDI...

SEI IN RITARDO DI UN'ORA! PUOI STAR SICURO CHE UN'AL-TRA VOLTA NON TI ASPETTE-RO' PIU'!
CALMATI! A-DESSO TI SPIE-GO!
4

SONO STATO DA FRANCO REGAN, LO SCRITTORE, A CONTRATTARE LA SUA COLLEZIONE DI MONETE ANTICHE!
COSA NE DICI DI PUNTARE SUL CAVALLO NUMERO TRE?

EVA, STA' ZITTA!

COERENTE FINO IN FONDO! SEI VENUTO DECISO A ESSERE DI MALUMORE, E NON VUOI PROPRIO CAMBIARE IDEA!
5

CALMATI! TI CHIEDO UN ATTIMO DI TREGUA!
CONCESSO!

COSI' POTRO' ASCOLTARE LA CONVERSAZIONE DI QUEI DUE.

GLI HO CHIESTO UNA DILAZIONE DI PAGAMENTO, MA LUI VOLEVA SUBITO I SOLDI E NON HA ACCETTATO!
QUANTO VALE LA COLLEZIONE?
6

400 MILIONI!
SONO CONTENTA CHE TU NON ABBIA CONCLUSO L'ACQUISTO. SECONDO ME NON ERA UN AFFARE!

CARLA, NON SCHERZARE! LE MONETE SONO TUTTE PREZIOSISSIMI PEZZI UNICI!
NON CAPISCI NIENTE! SE COMPREREMO QUEL TERRENO AL MARE FAREMO UNA SPECULAZIONE ASSAI PIU' REDDITIZIA.

QUELLA SIGNORA NON E' PER NIENTE DOCILE CON IL MARITO! PROPRIO COME EVA STASERA! SEMBRA QUASI CHE LE DONNE ABBIANO CONCORDATO DI MUOVERE UNA GUERRIGLIA PSICOLOGICA AGLI UOMINI!

MA REGAN E' COSI' POCO FURBO DA TENERE IN CASA UNA SIMILE FORTUNA? NON TEME DI ESSERE DERUBATO?
GLIEL'HO CHIESTO ANCH'IO! MI HA RISPOSTO CHE HA UNA CASSAFORTE SICURISSIMA.

CHE TIPI DI ALLARMI HA INSTALLATO ?
NON HO VISTO NIENTE. QUANDO SONO ANDATO A CASA SUA LE MONETE ERANO GIA' SUL TAVOLO DELLO STUDIO.

SIMPATICA QUESTA SIGNORA! CON LE SUE DOMANDE MI STA AIUTANDO MOLTISSIMO!

OGNI VOLTA CHE UN ACQUIRENTE GLI CHIEDE DI MOSTRARGLI LA COLLEZIONE...
9

...REGAN CHIAMA DUE POLIZIOT-TI, MUNITI DI CORSETTI DI PRO-TEZIONE E MASCHERE ANTIGAS, CHE CONTROLLANO IL VISO DELLA PERSONA CHE ENTRA.
NATURALMENTE E' UNA PRECAUZIONE CONTRO DIABOLIK!
10

ACCIDENTI! CREDE DI ESSERE PIU' FURBO DI QUEL CRIMINALE! DAVVERO PRESUNTUOSO, COME DEL RESTO TUTTI VOI UOMINI!
QUANDO PARLA, QUESTA DONNA LASCIA SEMPRE IL SEGNO!

IL CAVALLO NUMERO SEI E' IN BUONA POSIZIONE!

3
7
6
NO! STA PERDENDO TERRENO!
11

MALEDIZIONE.! E' ARRIVATO PENULTIMO!

CARA, BISOGNA ANDARE! HO ASCOLTATO COSE IMPORTANTI!

NON LE VOGLIO SAPERE! ADESSO MI INTERESSANO SOLO LE CORSE DEI CAVALLI! **IO RIMANGO QUI!!**
QUESTA SERA SEI INSOPPORTABILE! **ME NE VADO!!**
12

MEGLIO COSI'! IL TUO MALUMORE MI HA PORTATO SFORTUNA! VATTENE PURE... VEDRAI CHE SENZA DI TE AZZECCHERO' TUTTE LE SCOMMESSE!
ALLORA ARRIVEDERCI A QUANDO SARAI MENO NERVOSA!

CHE RESTI PURE! IO ANDRO' A CASA DI REGAN! LA' CI SONO 400 MILIONI CHE MI ASPETTANO!

FINORA GLI HO PERDONATO CERTI ATTEGGIAMENTI DI SUPERIORITA', MA ADESSO **BASTA!!**
13

UN' ORA DOPO...
REGAN STA ANCORA LAVORANDO!

...E LUI AVEVA RAGGIUNTO TUTTO: IL SUCCESSO, LA RICCHEZZA, MA ERA ROSO DALL'INSODDISFAZIONE!
STA DETTANDO IL SUO ULTIMO ROMANZO ALLA SEGRETARIA.
14

PER OGGI BASTA! RIPRENDEREMO DOMANI!

BUONANOTTE, MARILENA!
BUONANOTTE!

PIU' TARDI...
LE LUCI DELLE STANZE SONO SPENTE. SI SONO ADDORMENTATI! NON MI SENTIRANNO!
15

DAL GARAGE SARA' FACILE ENTRARE.

CON LA CHIAVE UNIVERSALE APRIRO' IN UN ATTIMO.'
16

FATTO.!

17

ANDRO' SUBITO NELLO STUDIO.'

INFATTI...
LA CASSA-FORTE DO-VREBBE ESSERE QUI.' FORSE E' PROTETTA DA CELLULE FOTOELETTRI-CHE.'
18

NO.' NON CE NE SONO.' CON QUESTI OCCHIALI SPECIALI LE AVREI CER-TAMENTE VISTE.'

ORA POSSO ACCEN-DERE LA LUCE E PERQUISIRE LO STU-DIO.'
19

PIU' TARDI...
MALEDIZIONE! LA CASSAFORTE QUI NON C'È!

HO CONTROLLATO LA SCRIVANIA! HO GUARDATO DIETRO AI QUADRI... SPERAVO DI TROVARLA NELLA LIBRERIA... MA NIENTE!
20

E' ORMAI L'ALBA! DEVO ANDARME- NE!

RITORNERO' CON EVA! FRUGHERO' PALMO A PAL- MO TUTTA LA CASA, FIN- CHE' NON AVRO' TRO- VATO QUELLE MO- NETE!
21

POCO DOPO...
BUONGIORNO! NON SEMBRI MOLTO SODDISFATTO! TI E' ANDATA MALE, VERO?
LASCIAMI IN PACE!

INVECE A ME E' ANDATA BENE! GUARDA! DOPO CHE TE NE SEI ANDATO HO SEMPRE AVUTO LA FORTUNA DALLA MIA PARTE!
22

SU, EVA, SMETTIAMOLA DI LITIGARE... HO BISOGNO DEL TUO AIUTO!
DIMMI PRIMA DI COSA SI TRATTA!

D'ACCORDO! REGAN, LO SCRITTORE, POSSIEDE UNA COLLEZIONE DI MONETE ANTICHE.
23

HO SAPUTO CHE LE TIENE IN CASA. STANOTTE CI SONO STATO. HO FRUGATO NELLO STUDIO...
...E NON HAI TROVATO NIENTE! VUOI CHE IO TI AIUTI A PERQUISIRE IL RESTO DELLA VILLA, VERO?

PROPRIO COSÌ!
VERRÒ! IL COLPO **MI** INTERESSA!

AMORE, QUELLE MONETE SARANNO TUE!
24

SARA' IL PIU' BEL RE-GALO PER LA MIA ADO-RABILE ROMPISCATO-LE! VEDRAI, FRA NOI TORNERA' IL SERENO!

REGALO? ROMPISCATOLE? IO NON VOGLIO REGALI DA TE!! QUEL COLPO LO FAREMO INSIEME, E META' DELLE MONE-TE MI SPETTERA' DI DIRITTO!!
25

...MA UNA DONNA CHE SI CHIAMA EVA KANT!!

MI SOTTOVALUTI! DIMENTICHI CHE MOLTE VOLTE TI HO SALVATO LA VITA...

...E CHE MOLTI DEI TUOI COLPI SONO GIUNTI A BUON FINE **SOLO PERCHE' C'ERO IO! IO TI SONO INDISPENSABILE!**

EVA, NON MI HAI MAI PARLATO CON TANTA VIOLENZA! PER ME E' DIFFICILE CAPIRE... SONO SCONCERTATO!
DOVRAI SFORZARTI DI CAPIRE! ALLORA SI' CHE FRA NOI TORNERA' IL SERENO!
27

LA NOTTE SEGUENTE...
LE LUCI DELLE STANZE SONO SPENTE! REGAN E LA SEGRETARIA DORMONO! E' IL MOMENTO DI CHIAMARE EVA!

PRONTO... TUTTO A POSTO! PUOI VENIRE!
28

MA SEI SICURO CHE LA COLLEZIONE SI TROVI ANCORA NELLA VILLA?
SI'! PER TUTTA LA GIORNATA SONO RI-MASTO QUI SULLA COLLINA A TENERE SOTTO CONTROLLO LA CASA.

REGAN NON E' USCITO E NON HA RICEVUTO VISITE! QUINDI LE MONETE SONO ANCO-RA LI'!
BENE! TI RAGGIUNGO SUBITO!
29

UN' ORA DOPO...
EVA, DIVIDIAMOCI! IO MI OCCUPERO' DI REGAN!

... E IO DELLA SEGRETARIA!

30

FFSSS

INTANTO, NELL'ALTRA ALA DELLA CASA...
FFSSS
31

SI SVEGLIERA' CON LA TESTA PESANTE, MA NON SOSPETTERA' DI ESSERE STATA NARCOTIZZATA!

32

FATTO!
ANCHE RE-GAN E' SISTE-MATO! POSSIA-MO ENTRARE IN CAMERA SUA!

POCO DOPO...
TOC TOC
IL MURO SUONA PIENO! LA CASSAFORTE NON C'È!
53

CI SONO TANTE AL-TRE STANZE! ANDIAMO!

34

ALL'ALBA...
ABBIAMO PERQUISITO LA VILLA DA CIMA A FONDO SENZA ALCUN RISULTATO!
REGAN NON PUO' ESSERE TANTO FURBO DA NASCONDERE COSI' BENE DELLE MONETE! E' IMPOSSIBILE CHE IO NON RIESCA A TROVARLE!

ANCHE SE TI DA' FASTIDIO, I FATTI PARLANO CHIARO! REGAN FINORA SI E' DIMOSTRATO PIU' FURBO DI TE!
EVA, SMETTILA!!
35

ALLORA ARRANGIATI!
NO! FERMATI! HO BISOGNO DEL TUO AIUTO!

DEVI SOSTITUIRTI A MARILENA, E RESTARE QUI FINO A QUANDO AVRAI SCOPERTO DOVE È NASCOSTA LA COLLEZIONE!

ACCETTO LA PROPOSTA!
COME VEDI, ANCHE STAVOLTA IO TI SONO INDISPENSABILE!
36

VADO A FOTOGRAFARE LA SEGRETARIA. IN QUESTI GIORNI STUDIEREMO IL SUO COMPORTAMENTO E POI TU PRENDERAI IL SUO POSTO.

LA SETTIMANA SEGUENTE, AL MUSEO D'ARTE MODERNA...
MERAVIGLIOSO QUESTO QUADRO DI CORSER, VERO, SIGNORINA?
SI'! E' IL MIO PITTORE PREFERITO!
37

LO CONOSCO DA ANNI E SIA-
MO BUONI AMICI. ANZI, FRA POCO
HO UN APPUNTAMENTO CON LUI,
NEL SUO STUDIO. VOLETE VENI-
RE ANCHE VOI?
MA...NON MI FIDO DEGLI SCONOSCIUTI!

ALLORA SEGUITEMI CON LA VOSTRA MACCHINA. COSI' NON AVRETE NULLA DA TEMERE! PRIMA PASSERE-MO DA CASA MIA A PREN-DERE MIA MOGLIE...
D'ACCORDO!
38

POCO DOPO...

ASPETTATE UN ATTIMO. CHIAMO MIA MOGLIE.
VA BENE!
39

AAHH.!
FFSSSS

HA VISTO DOV'E' IL RIFUGIO.!
NIENTE DI GRAVE.! QUESTO VILLINO E' IN AFFITTO E DOPO IL COLPO CE NE ANDREMO.!
40

UN'ORA DOPO, EVA...

ANDRO' SUBITO NELLO STUDIO. LEGGERO' IL MANOSCRITTO DEL ROMANZO E MI METTERO' AL CORRENTE DELLA TRAMA.

ALLA SERA...

CORRADO ERA ANGOSCIATO DALLA VITA CHE CONDUCEVA. DIETRO ALLA APPARENTE SPENSIERATEZZA C'ERANO IL VUOTO E LA SOLITUDINE...

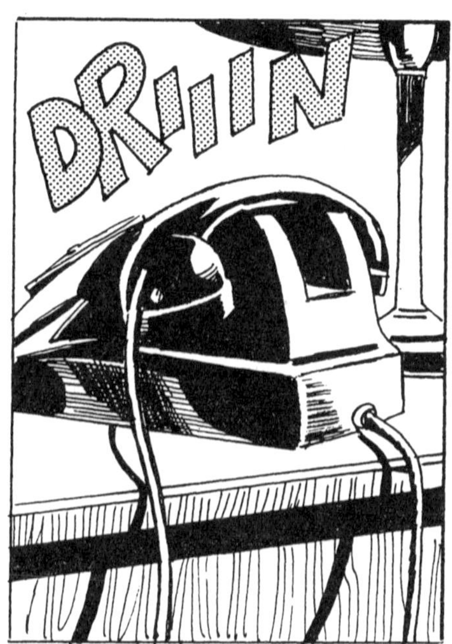

STASERA SI DOVEVA ANDARE INSIEME A UNA FESTA! TE NE SEI DIMENTICATO, EH? **TU MI TRASCURI! SONO STUFA!!**
LASCIAMI IN PACE! STO SCRIVENDO UN ALTRO LIBRO E NON VOGLIO ESSERE SCOCCIATO DALLE TUE IDIOZIE!

ROSANNA MI PERSEGUITA! NON LA SOPPORTO PIU'! SI RIFIUTA DI CAPIRMI... QUANDO LE PARLO DEI MIEI PROBLEMI, CAMBIA DISCORSO!
QUALI PROBLEMI?
43

SONO PREOCCUPATO PER QUESTO MIO ROMANZO: E' DIVERSO DA QUELLI CHE HO SCRITTO FINORA! IL PUBBLICO SI ASPETTA ANCHE STAVOLTA UN LIBRO DIVERTENTE...
...E INVECE SI TROVERA' DI FRONTE A UN'OPERA MOLTO IMPEGNATA. TEMETE CHE I LETTORI RESTINO DELUSI DAL CAMBIAMENTO?

MARILENA HA CENTRATO SUBITO IL PROBLEMA!

SI'! HO PAURA! IL LIBRO PUO' ESSERE UN FIASCO CLAMOROSO!
44

L'EDITORE NE HA LETTO QUALCHE PAGINA... E' PERPLESSO! FA CONTINUE PRESSIONI PERCHE' IO MODIFICHI IL ROMANZO E LO RENDA PIU' COMMERCIALE!
NO!! NON DOVETE CE-DERE!

SE NON CEDO, L'EDITORE MI INCOLPERA' DELL'EVENTUALE INSUCCESSO... E IO COME SCRITTORE SARO' FINITO!
CORRETE PURE QUESTO RISCHIO! LA VOSTRA LIBERTA' DI ARTISTA VALE PIU' DI QUALSIASI COSA!
45

VI RINGRAZIO! LE VOSTRE PAROLE MI SONO DI GRANDE AIUTO!
REGAN STA PAS-SANDO UN MOMENTO MOLTO DIFFICILE!

ACCIDENTI! GIA' LE OTTO! FRA POCO LA DOMESTICA SE NE ANDRA'! SE NON CI SBRIGHIAMO, TRO-VEREMO LA CENA FREDDA!
46

LA SERA DOPO...
FINORA AVEVO SOTTO-VALUTATO MARILENA, MA ADESSO MI DEVO RICREDERE! E' L'UNICA PERSONA CHE RIESCE A CAPIRMI DAVVERO!

DA TEMPO CERCAVO UNA DONNA COSI'! BELLA ...MA ANCHE INTELLIGENTE! FORSE ...MI STO INNAMORAN-DO DI LEI!
47

INTANTO...
COME VA?
BENISSIMO! REGAN E' UN UOMO MOLTO INTERES-SANTE...

EVA, NON SCHERZARE! IO MI RIFERIVO AL COLPO!
NON CI SONO NOVITA'! NESSUNO SI E' FATTO VIVO PER COMPRARE LA COLLEZIONE...
48

E' L'ORA DELL'ULTIMA EDIZIONE DEL TELE_ GIORNALE...
TIC

ACCIDENTI! LA TRASMISSIONE E' DISTURBATA!

CRR... GRRR... SEI ANCORA IN ASCOL_ TO?... BZZ...
C'E' UN' INTER_ FERENZA!
49

...BZZZ ...SI'! NON HO PO-TUTO SCOPRIRE DOVE REGAN NASCONDE LE MONETE, MA CI RIUSCI-RO' PRESTO! MI HA DET-TO CHE FRA QUALCHE GIORNO VERRA' UN NUOVO CLIENTE!
DIO MIO!

BUONANOTTE, EVA!
A DOMANI!
EVA... DIABOLIK!! IL TELEVISORE HA CAPTATO PER CASO UNA LORO CON-VERSAZIONE-RADIO!
50

EVA KANT E' QUI.! ORA CAPISCO! HA PRESO IL POSTO DI MARILENA.!

CHIAMO LA POLIZIA!
NO.!
51

NON MI IMPORTA CHE SIA UNA LADRA! NON MI IMPORTA IL SUO NOME, NE' IL VOLTO CHE STA DIETRO ALLA MASCHERA! MI INTERESSANO LA SUA INTELLIGENZA, LA SUA SENSIBILITA'!...

E' STATA LEI, E NON MARILENA, CHE IN QUESTI GIORNI HO AVUTO VICINO! LEI HA SAPUTO CONSIGLIARMI, AIUTARMI...
52

HO BISOGNO DI LEI ! NON VOGLIO PERDERLA !

MA E' UNA PAZZIA ! EVA KANT E' INNAMORATA DI DIABOLIK ! E' IMPOSSIBILE COMPETERE CON LUI !

NO ! FORSE C'E' UNA POSSIBILITA' !
53

LA MATTINA SEGUENTE...
MARILENA, HO DECISO DI PARTIRE PER LA MIA CASA IN MONTAGNA!
QUESTA NON CI VOLEVA!

LONTANO DA CLERVILLE POTRO' LAVORARE MEGLIO! RESTEREMO LA' UN PO' DI GIORNI. APPENA TORNATI QUI, CONCLUDERO' LA VENDITA DELLE MONETE!
54

SALGO IN CAMERA A PREPARARE LA VALIGIA!

NON LE HO DETTO DOVE ANDREMO ESATTAMENTE! PER IL MOMENTO E' MEGLIO CHE DIABOLIK NON LO SAPPIA!

55

POCO DOPO...
...SE AVESSI CHIESTO A REGAN IL NOME DEL-LA LOCALITA' MI SA-REI TRADITA!
HAI FATTO BENE! ME LO COMUNICHERAI DOMANI, QUANDO TI TROVERAI SUL POSTO!

STARO' VIA QUALCHE GIORNO. POI FAREMO IL COLPO!
NON MI SEMBRI MOLTO CONVINTA!

MA DAI! COSA TI PASSA PER LA TESTA?
56

ALLA SERA, NELLA VILLA DI MONTAGNA DI FRANCO REGAN...
...COSI' AVETE DECISO DI NON CEDERE ALLE PRESSIONI DELL'EDITORE! VI AMMIRO PROFONDAMENTE!
SENZA IL VOSTRO SOSTEGNO NON NE AVREI MAI AVUTO LA FORZA!

MA ADESSO NON PARLIAMONE PIU'! BEVIAMO UN WHISKY... VI VA?
CERTO!
57

UN BUON WHISKY, OGNI TANTO...

...RENDE FACILI ANCHE LE COSE PIU' DIFFICILI.!
58

LA NOTTE SEGUENTE...
SONO RIMASTO IN ASCOLTO TUTTO IL GIORNO! MA LA COMUNICAZIONE DI EVA NON E' ARRIVATA.!

C'E' QUALCOSA CHE NON VA! COMINCIO A PREOCCUPARMI!
59

EVA NEI GIORNI SCORSI MI HA TRATTATO MOLTO MALE... HA CRITICATO IL MIO ATTEGGIAMENTO NEI SUOI CONFRONTI... DI REGAN INVECE HA DETTO CHE E' SENSIBILE E INTELLIGENTE...

...ALLORA...
...FORSE....

DEVO VEDERLA!!
60

POCO DOPO...

DEVI DIRMI DOVE SI TROVA LA VIL.
LA DI MONTAGNA DI REGAN !
PERCHE' VUOI SAPERLO ? COSA GLI VUOI FARE ?
61

NIENTE STORIE.! ALTRIMENTI PASSO A METODI PIU' SBRIGATIVI.!
E' MEGLIO PARLARE.!

LA VILLA SI TROVA A BENNON.!

HO UN RIFUGIO LI' VICINO! CI ANDRO', E CERCHERO' EVA!
62

INFATTI...

ECCO LA CASA DI REGAN!

HO FATTO BENE A LASCIARE LA MACCHINA GIU' AL PAESE!

REGAN...
EVA !!
ANCH'IO TI AMO! ODIO IL MIO PASSATO! CON TE HO RICOMINCIATO A VIVERE!

LO SOSPETTAVO... EVA AMA REGAN!
64

NO! FORSE LUI CORTEGGIAVA LA SEGRETARIA, ED EVA E' COSTRETTA A RECITARE LA COMMEDIA!

TORNO AL RIFUGIO! HO BISOGNO DI RIFLETTERE!

INTANTO, A CLERVILLE...
FRANCO FA DI TUTTO PER EVITARMI! LA SUA DOMESTICA MI HA DETTO CHE E' PARTITO PER BENNON CON MARILENA!
65

MI STA PRENDENDO IN GIRO! GLIELA FARO' PAGARE!

PIU' TARDI...
... MAGARI HA SCELTO DI STARE CON LUI. MA VOGLIO ESSERNE SICURO!

QUANDO SARA' BUIO, RITORNERO' DA EVA!
66

INFATTI...

CARA, DOMANI PARTIREMO! VEDRAI, SARA' UN BELLISSIMO VIAGGIO!
67

DRIIIN

PRONTO!

SEI SCAPPATO DA CLERVILLE SENZA DIRMI NIENTE, MA TI HO TROVATO LO STESSO!
ROSANNA, **NON SCOCCIAR-MI!**
68

DOMANI PARTO PER L'ESTERO. NON SO QUAN_ DO TORNERO'! NON CERCARMI PIU'!
FRANCO, SENTI... PAR_ LIAMO UN PO'...

HA RIATTACCATO !!
CLIK

MI HA PIANTATO, E AL MIO POSTO C'E' UN'ALTRA!
69

IN QUELLA CASA DI MONTAGNA FRANCO HA SEMPRE PORTATO SOLO GLI AMICI PIU' CARI E LE DONNE CHE AMAVA!... E ORA **MARILENA E' LA'!**

E' INNAMORATO DI LEI, NE SONO SICURA! MA NON MI LASCIO METTERE DA PARTE COSI'! PARTO SUBITO PER BENNON!
70

NEL FRATTEMPO...
ORMAI NELLA MIA VITA CI SEI SOLO TU!
NE SONO FELICE!

QUESTO AGO LO NARCOTIZZERA'!

71

AMORE, COSA TI SUCCEDE?
...MI GIRA ...LA TESTA...

COM'E' PALLIDO... STA MALE!

EVA!
72

NON MI DICI NIENTE? FORSE LA MIA PRE-SENZA TI SPAVENTA?

PERCHE' IN QUESTI GIORNI NON TI SEI FATTA SENTIRE?
AVEVO BISOGNO DI RIFLETTERE... VOLE-VO ESSERE SICURA DI CIO' CHE TI AVREI DETTO...

NON E' VERO!
INVECE SPESSO E' STATO COSI'! TU HAI DIMENTICATO, MA **IO NO**! ASCOLTAMI!

PIU' TARDI...
...NON TI SERBO RANCORE. SEMPLICEMENTE NON TI AMO PIU'! ORA SONO INNAMORATA DI REGAN! LUI E' DIVERSO DA TE!
SE AMI UN ALTRO E' GIUSTO CHE TU VADA CON LUI! ADDIO, EVA!

L'HO PERDUTA PER SEMPRE!
15

AL RIFUGIO...
ANCORA PRIMA DI CONOSCERE REGAN MI AVEVA DETTO LE STESSE COSE...
MI TRATTI COME SE FOSSI UNA RAGAZZINA DEBOLE CHE DEVE ESSERE PROTETTA...

SOLO SE TI SFORZERAI DI CAPIRE, TORNERA' IL SERENO FRA NOI!

...IO NON HO FATTO ALCUNO SFORZO, E LEI SE NE E' ANDATA!...
76

MI HA RINFACCIATO COSE CHE ORMAI AVEVO DIMENTICATO! QUELLA VOLTA DEL FURTO IN CASA NORDEN, PER ESEMPIO...

HO INTERFERITO NEL TUO PIANO, MA L'HO FATTO PER AIUTARTI!

NON HO NESSUN BISOGNO DEL TUO AIUTO! NON METTERE PIU' IL NASO IN QUESTA STORIA!

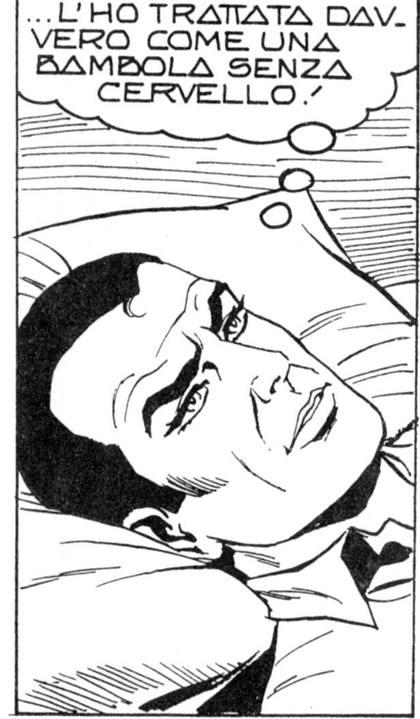

MA EVA E' UNA DONNA! E PUO' FARE BENISSIMO A MENO DI ME! IN FONDO L'HO SEMPRE SAPUTO, MA PER ORGOGLIO NON HO VOLUTO AMMETTERLO NEMMENO A ME STESSO!

QUESTO STUPIDO ORGOGLIO MI HA GIOCATO UN BRUTTO SCHERZO! EVA NON E' PIU' CON ME, E **LA COLPA E' SOLO MIA!** SE AVESSI PRESO SUL SERIO LE SUE ACCUSE, SAREBBE RIMASTA!
78

INTANTO, ROSANNA...

FRANCO SI E' FATTO CIRCUIRE DA UNA CHE PUNTA SOLO AI QUATTRINI!

FAMMI EN-
TRARE!

VOGLIO PARLARE
CON FRANCO!

MA... E' PALLIDO COME UNO STRAC-
CIO! **COSA GLI HAI FATTO?**
80

FRANCO... FRANCO.!!

DIO MIO.! NON RISPON-
DE.!

L'HAI DROGATO.!, VERO?
COSI' LO TIENI IN PUGNO,
E LUI TI SGANCIA TUTTI
I SOLDI CHE VUOI.!
...MA... IO...
81

SEI UNA SGUAL-
DRINA.!!

UNA MASCHERA!!...
ALLORA TU SEI...
82

AAHH!

CHIAMO SUBITO L' ISPETTORE GINKO!
85

COSA? EVA KANT?! DOVE?
A BENNON, AL NUMERO 10 DI VIA MAIER!

SIGNORINA... ASPETTATE... QUAL E' IL VOSTRO NOME?

HA RIATTACCATO!
CLIK
84

PRESTO, SERGENTE! COMUNICATE ALLE PATTUGLIE DI CONVERGERE SU BENNON!

INTANTO...
VICINO ALLA CASA CI PUO' ESSERE **DIABOLIK!!** HO PAURA! DEVO ALLONTANARMI DA QUI!
85

AL RIFUGIO...
EVA! NON RIESCO A DIMENTICARE QUANTO MI HA DETTO NELLA VILLA DI REGAN...
QUANDO CI INCONTRAMMO LA PRIMA VOLTA NON MI RIVELASTI LA TUA IDENTITA'! MI INNAMORAI E TI SEGUII...
...SOLO DOPO MI ACCORSI CHE ERI DIABOLIK! MA ORMAI NON POTEVO TORNARE INDIETRO! COSI', PER COLPA TUA, ANCHE IO DIVENNI UNA CRIMINALE!
86

PIU' TARDI, QUANDO STAVO PER ESSERE CONDANNATO A MORTE, LEI MI LIBERO'!

EVA! MI STA PARLANDO CON L'ALFABETO MORSE... DICE CHE E' PRONTA A TUTTO!

87

SULLA GHIGLIOTTINA SALI' GIORGIO CARON. AVEVA LA MIA MASCHERA. ERA STATA EVA A COMPIERE LA SOSTITUZIONE!

QUANDO A CASA DI REGAN M'HA PARLATO DEL NOSTRO PRIMO INCONTRO, MI HA MENTITO! NON ME NE SONO ACCORTO SUBITO! ERO TROPPO PRESO DALLE ALTRE COSE CHE MI DICEVA!

PERCHE' HA MENTITO?

TORNO DA LEI! VOGLIO CHIEDERLE SPIEGAZIONI!
89

INFATTI...

DANNAZIONE!
90

EVA!

E' SVENUTA! QUALCUNO L'HA COLPITA ALLA TESTA E LE HA STRAPPATO LA MASCHERA!
91

UUUUUUUUUUU
MALEDIZIONE! LA POLIZIA!
NON POSSO LASCIARLA QUI!

DEVO RAGGIUNGERE LA MACCHINA, IL PIU' PRESTO POSSIBILE!
92

93

WRRR
WROOOM

WROOOM
94

UUUUUUU

95

IN QUEL MEDESIMO ISTANTE...
UUUUUUUUU
LE SIRENE DELLA POLIZIA!

EVA... EVA, DOVE SEI?

NON C'E' PIU'! E' STATA SCO-PERTA!
96

SONO ANCORA STOR-DITO... MA **DEVO** ANDA-RE.' **DEVO SAPERE** COSA LE E' SUC-CESSO!

97

DANNAZIONE! GINKO GUADAGNA TERRENO!

SCRIIII
VUUUUUU
HA PRESO LA DIREZIONE PER MONTE CERVO!
98

PIU' AVANTI LA STRADA SI RESTRINGE! DOVRA' RALLENTARE! NON CI SFUGGIRA'!

SCRIII

ATTENTO! FRENA!!
99

ACCIDENTI! ANCHE UN GREGGE CI DOVEVA CA-PITARE!
UUUUUU
SCREEEK

NON SI SPOSTANO!
... ALLORA ... FORSE!...

COME PENSAVO! SONO DI PLASTICA! UN ALTRO TRUCCO DI QUEL CRI-MINALE!

MALEDIZIONE! MI HA GIOCATO ANCORA UNA VOLTA!
ISPETTORE, MA CHE RAZZA DI TRUCCO E' MAI QUESTO?

GUARDA! DA QUESTI BUCHI SONO STATE SPINTE FUORI, CON UN RADIOCOMAN- DO, DELLE SAGOME DI PLASTICA CHE SI SONO GONFIATE IMMEDIATAMEN- TE!
E COSI' DIABO- LIK CI HA BLOC- CATO CON UN GREGGE FINTO! VERAMENTE GENIALE!
107

INTANTO...
NON SENTO PIU' LE SIRENE! COSA SARA' SUCCESSO?!

DIO MIO!...MI GIRA AN-CORA LA TESTA...
103

SCRASH

ΔΔΗΗ!
104

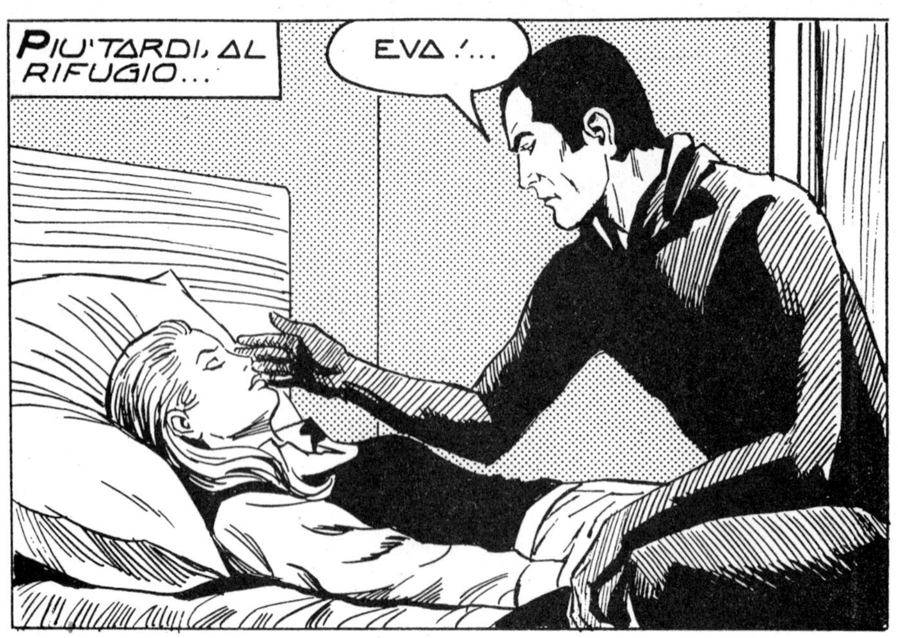
PIU'TARDI, AL RIFUGIO...
EVA!...

MI HA SENTITO!

COME STAI? PARLA! DIMMI QUALCOSA!
105

DOV'E' FRANCO? VOGLIO TORNARE DA LUI... NON POSSO PIU' STARE CON TE...
TI RIPORTERO' DA REGAN, MA PRIMA MI DEVI SPIEGARE UNA COSA...

PERCHE' MI HAI ACCUSATO DI NON AVERTI DETTO CHI ERO?
E' COSI'!

MENTI! TE L'HO DETTO SUBITO, E MI HAI SALVATO DALLA MORTE DI TUA INIZIATIVA!
106

NO... NON E' VERO... PER COLPA TUA SONO DIVENTATA UNA CRIMINALE...
NON E' POSSIBI-LE CHE EVA SO-STENGA QUE-STE COSE ... HA SCELTO LIBE-RAMENTE DI STARE CON ME! QUESTA NON E' PIU' EVA!!

E' IPNOTIZZATA!! ORA CAPISCO! REGAN L'HA SCOPERTA E SE NE E' INNAMORATO! ALLORA L'HA CONDIZIONATA IN MODO CHE EVA AB-BANDONASSE ME E AMASSE LUI!
107

ADESSO SOLO REGAN PUO' RIPORTARLA ALLO STATO NORMALE! VADO A CASA SUA!
HAI SENTITO COSA E' SUCCESSO NEL NOSTRO PAESE?

SI'! EVA KANT SI ERA SOSTITUITA ALLA SEGRETARIA DI UNO SCRITTORE!
LO CONOSCO! E' FRANCO REGAN... E' ANCHE RIMASTO FERITO...

FERITO?! DANNAZIONE! NON POSSO PIU' CONTARE SU DI LUI!
108

L'INDOMANI MATTINA, A CLERVILLE...
DOVE SONO? COSA MI E' SUCCESSO?

BUONGIORNO, PROFESSOR KALINSKJ!

DIABOLIK?! COSA VUOI DA ME?
109

SEGUITEMI! FRA POCO CAPIRETE!

NON CERCATE DI FUGGIRE!
NON CI PENSO NEMMENO...

...MA PERCHE' MI AVETE RAPITO?
SONO SICURO CHE EVA E' STATA IPNOTIZZATA!
110

E SOLO VOI POTETE RIPORTARLA ALLO STATO NORMALE! SO CHE DA ANNI CONDUCETE ESPE. RIMENTI IN QUESTO CAMPO!
CHI L'HA IPNOTIZZATA?

FRANCO REGAN!
LO CONOSCO! FREQUENTA IL MIO STUDIO E INSIEME ABBIA. MO SCRITTO DEGLI ARTICOLI SULL'IPNO. SI!

LI AVEVO LETTI... PER QUESTO HO PENSATO A VOI!
AVRÀ USATO LA TECNICA CHE IO STESSO GLI HO INSEGNATO.
111

TUTTE LE SERE LE HA SOMMINISTRATO UN SONNIFERO NEL WHISKY...
...IN MODO CHE NON SI ACCORGESSE DELLA INIEZIONE DI PENTOTHAL
A OGNI RISVEGLIO LE PARLAVA CON VOCE BASSA FINO A RAGGIUNGERE IL CONDIZIONAMENTO.
112

COSA INTENDETE FARE ADESSO?
C'E' SEMPRE UNA FRASE-CHIAVE CHE LIBERA IL SOGGETTO IPNOTIZZATO! MA SOLO L'IPNOTIZZATORE LA CONOSCE!

ALLORA?
REGAN USAVA DI SOLITO I TITOLI DEI SUOI ROMANZI. ORA LI PRONUNCERO', AD UNO AD UNO, FINO A CHE LADY KANT RIACQUISTERA' LA PROPRIA PERSONALITA'!
113

EVA!... ASCOLTA BENE QUELLO CHE TI DIRÒ... ASCOLTA!

VACANZE... SUL... FIUME!

RACCONTI... DI... PROVINCIA!
114

POCO DOPO...
NIENTE! E AVETE CITATO ORMAI TUTTI I LIBRI DI REGAN!
RESTA IL SUO ULTIMO ROMANZO. NON E' ANCORA STATO PUBBLICATO, MA FRANCO, TEMPO FA, ME NE AVEVA ANTICIPATO IL TITOLO...

IL...BUIO...E...L'AMORE!

AMORE!
115

CARA... FINAL-
MENTE!!

MA... COSA E' SUC-
CESSO?
FRA POCO TI
SPIEGHERO'!

DUE GIORNI
DOPO...
REGAN IN OSPEDALE
HA RILASCIATO UN'INTER-
VISTA. SENTI COSA DICE:
"NON SAPEVO CHE AL PO-
STO DELLA SEGRE-
TARIA CI FOSSE EVA
KANT..."
116

...ERA VENUTA PER DERUBARMI DELLA COLLEZIONE DI MONETE ANTICHE, MA NON CE L'HA FATTA! LE AVEVO CAMUFFATE CON UN RIVESTIMENTO IN NICKEL CHE RIPRODUCEVA MONETE IN CORSO".

LE TENEVA IN UN CASSETTINO ASSIEME AD ALTRE CIANFRUSAGLIE!

MALEDIZIONE! FRUGANDO IN CASA SUA LE HO VISTE, E NON ME NE SONO ACCORTO!
117

HA TACIUTO TUTTO IL RESTO: FINIREBBE IN GALERA! ANCHE KALINSKJ TACERA' PER NON TRADIRLO!
COMUNQUE SI DEVE RICONOSCERE A REGAN UNA NOTEVOLE INTELLIGENZA! HA USATO UN OTTIMO TRUCCO!

TI RIFERISCI ALLE MONETE?
MA NO! MI RIFERISCO ALL'IPNOSI! DI' LA VERITA': STAVOLTA HAI DAVVERO TEMUTO DI PERDERMI?
118

PERO' QUESTA STORIA MI E' SERVITA! FRA NOI E' NATO **UN AMORE NUOVO**! MI SONO RESO CONTO CHE TALVOLTA TI HO TRATTATA DAVVERO COME UN OGGETTO! VEDRAI: NON SUCCEDERA' PIU'!

INVECE CAPITERA' ANCORA!

119

E' DIFFICILE PER UN UO-MO ACCETTARE L'IDEA CHE UNA DONNA NON E' INFERIORE A LUI! GUARDA REGAN... E' COLTO, INTELLIGENTE, EPPURE NON SI E' FATTO SCRUPOLI, PUR DI AVERMI!

TU PERO' SEI DIVERSO DA TUT-TI! MAGARI SBA-GLIERAI ANCORA MA SEI DISPOSTO A CAPIRE, AD A-MARE! PER QUE-STO HO FIDUCIA IN TE E TI AMO!!
FINE

Indice

DAL CATALOGO OSCAR

AA.VV.

Il libro delle canzoni dei Beatles
Narrativa

Accanto al testo originale, con traduzione italiana, delle canzoni più celebri, sono pubblicate 62 immagini a colori e in nero, neo-liberty, pop, beat: un corrispettivo grafico al fantasioso mondo dei Beatles, con contributi di Erté, Folon e altri.

AA.VV.

Nella cripta con Zio Tibia
Bestsellers

Tratti dai racconti di autori come Poe, Lovecraft e Bierce, i temi classici della tradizione gotica nelle fantasiose versioni a fumetti della celebre rivista americana «Creepy» presentati dal macabro Zio Tibia.

AA.VV.

Nick Raider. Squadra Omicidi
Bestsellers

Quattro movimentatissime storie ambientate nella "Grande Mela" che hanno per protagonista un poliziotto d'eccezione, quel Nick Raider entrato di prepotenza nel mondo dei grandi eroi del fumetto italiano.

AA.VV.

Non solo con il rasoio
Bestsellers

Diciassette racconti horror scritti da donne, vere maestre del brivido. Una evidente quanto provocatoria dimostrazione che il genere non è appannaggio esclusivo degli uomini.

ABBEY LYNN, ASPRIN ROBERT

Cat woman

Bestsellers

A Gotham City la malavita continua a prosperare nonostante la temuta presenza di Batman, e la situazione peggiora con l'arrivo di una strana figura, avvolta in un aderente costume da gatta. Dal romanzo il famoso film.

AGUS JOHN

Assassini nati. Natural Born Killers

Bestsellers

Basato su una storia di Quentin Tarantino e tratto dalla sceneggiatura del film di Oliver Stone, il romanzo narra le raccapriccianti imprese di una coppia di adolescenti, in America, che uccidono per il piacere di uccidere. Una trama sconvolgente su cui riflettere.

AMIS MARTIN

Territori londinesi

Scrittori del Novecento

Come, dove, quando e da chi sarà commesso un omicidio: lo sa il protagonista di questo romanzo che però non farà nulla perché il delitto non avvenga. Una storia insolita narrata con maestria dall'ormai famoso scrittore inglese.

BALLESTRA SILVIA

La guerra degli Antò

Originals

Un'irresistibile galleria di figure anche "televisive" materializzate dall'autrice in una serrata narrazione in presa diretta, in cui campeggiano grotteschi eroi impegnati in una guerra strettamente privata contro tutto e tutti.

Compleanno dell'iguana

Bestsellers

L'inquietudine, i disagi, le ansie, le domande senza risposta dei ragazzi degli anni Novanta. Un romanzo breve e cinque racconti di una giovanissima scrittrice esordiente che si serve della lingua, del dialetto e delle espressioni tipicamente "giovanili" per creare un mezzo del tutto personale di espressione.

BELLEZZA DARIO

Morte di Pasolini

Piccola Biblioteca Oscar

Circondata da inquietanti interrogativi, la morte di Pier Paolo Pasolini non fu soltanto un fatto di cronaca nera. L'autore del saggio, amico dello scrittore ucciso, pone nuove ipotesi sulla misteriosa aggressione e ricorda le prese di posizione degli intellettuali italiani.

BENNI STEFANO

Bar sport

Bestsellers

Amori, sfide, risse, scommesse, fenomeni, avventure, sbronze, trasferte, grappini, nonni, sesso, meringhe.

BERGONZONI ALESSANDRO

Le balene restino sedute

Bestsellers

Bergonzoni è un noto attore-autore di cabaret. Il suo è uno sforzo bestiale e ghiotto di rendere ordinato il disordine attuale delle parole e dei nostri insopportabili discorsi.

È già mercoledì e io no

Bestsellers

Il secondo e divertente libro di un autore che si è imposto al grande pubblico per la sua straordinaria capacità di mescolare il surreale con le banalità del quotidiano.

BLISSETT LUTHER

net.gener@tion

Narrativa

Al confine tra libro sacro e saggio visionario, *net.gener@tion* è il manifesto con cui si proclama l'inizio di una nuova Rivoluzione destinata a cambiare il sentimento del mondo grazie all'uso di Internet, la Madre di tutte le Reti.

BONELLI GIAN LUIGI, GALLEPPINI AURELIO

Tex e il figlio di Mefisto

Bestsellers

Tex Willer alle prese con il suo implacabile nemico Mefisto che soccombe atrocemente per passare lo scettro nelle mani di suo figlio Yama. Un ennesimo esaltante episodio delle gesta di un personaggio entrato nella leggenda.

Tex l'Implacabile

Bestsellers

Una lunga avventura divisa in tre episodi collegati dell'intrepido avventuriero Tex Willer, il prototipo dell'eroe della frontiera americana, celebre personaggio dei fumetti.

BORGES JORGE LUIS, MAILER NORMAN, GARCIA MARQUEZ GABRIEL E ALTRI

Playboy stories

Narrativa

Da García Márquez a Updike, da Borges a Bradbury ecc., il volume accoglie il meglio di quarant'anni di racconti pubblicati su Playboy a firma dei più grandi scrittori contemporanei, alcuni "scoperti" e lanciati dalla rivista stessa.

BUKOWSKI CHARLES

Niente canzoni d'amore

Piccola Biblioteca Oscar

Ventuno racconti in cui l'autore descrive con linguaggio cinico e trasgressivo un'America disperata ed emarginata. Al "sogno americano" si oppone il grottesco elogio del sesso, dell'alcol, del gioco, della violenza.

Poesie (1955-1973)

Scrittori del Novecento

Nato in Germania nel 1920, ma cresciuto a Los Angeles, Bukowski nelle 83 poesie di questa raccolta sprigiona eccentricità e terrore.

BUSI, ALDO

L'amore è una budella gentile

Piccola biblioteca

Un "flirt con Liala" recita il sottotitolo di questo libro: una ideale intervista con la regina della narrativa rosa condotta con sottile ironia dall'autore italiano oggi più discusso.

CACUCCI PINO

Outland Rock

Piccola Biblioteca Oscar

Quattro thriller ad altissima tensione psicologica che segnano il brillante esordio narrativo di un giovane scrittore, quattro storie al limite dell'impossibile, rivelatrici dei vezzi, dei miti, delle culture e delle emozioni delle nuove generazioni.

Puerto escondido

Bestsellers

L'avventura frenetica e balorda di un giovane solitario che, coinvolto in un delitto, fugge in Messico per sottrarsi alla persecuzione di un commissario di polizia. Dal romanzo il film omonimo di Gabriele Salvatores.

Punti di fuga

Bestsellers

Andrea Durante, killer depresso e disadattato, si trova implicato in una vicenda dalle fosche tinte in una metropoli dai molti altrove: Parigi. Una giostra vertiginosa, il più felice punto di fuga dagli schemi del giallo all'italiana.

CAMPANARO GIORGIO

Il Caso Billie Holiday

Bestsellers

La vita e la leggendaria carriera della più grande cantante jazz, la sua lotta disperata per affermarsi in un mondo dominato dal pregiudizio razziale.

CARDELLA, LARA

Volevo i pantaloni

Bestsellers

Il racconto di una adolescenza, una storia siciliana di violenze, incanti e amarezze. Diciannovenne esordiente, " Cardella ha una sua maturità stilistica e tecnica invidiabile... Il testo è una testimonianza-documento sconvolgente di cosa sia anche l'Italia.

Volevo i pantaloni 2

Narrativa

Annetta, la protagonista del precedente omonimo romanzo, è adesso sposata, ma poco o nulla è cambiato intorno a lei, e deve continuare a combattere contro la violenza e la sopraffazione. La nuova aspra denuncia di una donna coraggiosa

Fedra se ne va

Bestsellers

In un paese della Sicilia dei nostri giorni " la scandalosa Fedra" è simbolo e insieme vittima di una sensualità prepotente, disposta a sfidare tabù e convenzioni. Il terzo romanzo dell'autrice di Volevo i pantaloni, un clamoroso successo editoriale.

Intorno a Laura

Originals

La storia di una giovane donna libera assediata da un ambiente soffocante e immobile: una madre possessiva, fratelli e sorelle con velleitari sogni di fuga, la sua stessa insofferenza a tutto ciò che la circonda.

CARVER RAYMOND

Cattedrale

Scrittori del Novecento

Coppie, colleghi d'ufficio, viaggiatori, alcolizzati, in bilico fra benessere e povertà, disperazione e speranza. In 12 racconti il malessere e la mediocrità della classe media americana. Carver (1938-88) è considerato il padre dei minimalisti americani.

CASTELLI ALFREDO

Martin Mystère. L'enciclopedia dei misteri

Bestsellers

Luoghi e oggetti "impossibili", creature da incubo, favolosi tesori scomparsi, avvistamenti UFO: in 177 voci il mondo dei misteri esplorato da un "entusiastico curioso", antropologo, scienziato, autore tra l'altro di inchieste su fenomeni ai confini della realtà.

I mondi magici di Martin Mystère

Bestsellers

Il "detective dell'impossibile" è questa volta alle prese con i segreti magici degli egiziani, con gli aborigeni australiani e con alcuni misteriosissimi occultisti europei.

I mondi perduti di Martin Mystère

Bestsellers

Tre classiche avventure del "detective dell'impossibile": l'avventuriero, archeologo e scrittore Martin Mystère è questa volta alle prese con gli enigmi che avvolgono le origini dell'umanità. Un fumetto d'autore che gode di un crescente successo.

CASTELLI ALFREDO, SCLAVI TIZIANO

Dylan Dog & Martin Mystère

Bestsellers

L'eccezionale incontro tra i due formidabili investigatori dell'insolito coinvolti in tre tenebrose avventure: "Ultima fermata: l'incubo", "La fine del mondo" e "Il Piccolo Popolo".

CELLI GIORGIO, GUCCINI FRANCESCO, MANFREDI VALERIO M.

Storie d'inverno

Piccola Biblioteca Oscar

Tre storie fra la Padania e l'appennino che sanno di stagioni, di spighe, di bevute, di camino. Storie di amici e di amicizia scritte da tre celebri personaggi.

CERVARI PAOLO

L'Immortale

Bestsellers

Scritto tra le mura di un castello medioevale sotto lo stimolo di un'ispirazione misteriosa, il romanzo evoca i legami tra i culti antichi della Dea Madre e la nostra attuale realtà attraverso le vicende di un eroe senza tempo.

DE CARLO ANDREA

Due di due

Bestsellers

Due giovani amici – quattordicenni nel '68 – figure emblematiche di una generazione difficile, contraddittoria, protesa verso nuovi valori. La storia di due scelte diverse in un romanzo che attraversa gli ultimi vent'anni di vita italiana.

DEMARCHI ANDREA

Sandrino e il canto celestiale di Robert Plant

Piccola Biblioteca Oscar

Un nostalgico viaggio di un trentenne, attore di teatro, attraverso le grandi capitali della Kultur nazionali – Firenze, Roma, Napoli, il Festival di Taormina – in nome di un sogno: la nascita del Teatro a Domicilio. Un funambolico romanzo d'esordio.

DISEGNI STEFANO

Due ruote e una sella

Bestsellers

"La magnifica razza dei motociclisti ritratta a fumetti con precisione chirurgica e impietoso amore" spiega il sottotitolo di questa esilarante e grottesca serie di vignette frutto della poliedrica fantasia di Stefano Disegni.

GIBSON WILLIAM

Monna Lisa Cyberpunk

Bestsellers

Capaci di penetrare in qualsiasi sistema informatizzato dominando la realtà virtuale, i gangster tecnologici sono i padroni del cyberspace: un futuro ormai alle porte descritto dall'inventore della "nuova" fantascienza.

La notte che bruciammo Chrome

Bestsellers

Pirati dei sistemi informatici, contrabbandieri di organi, assassine professioniste sono tra i protagonisti di questa serie di racconti di William Gibson, principale esponente del nuovo genere fantascientifico del Cyberpunk.

La macchina della realtà

Bestsellers

Ideatori della letteratura Cyberpunk, i due autori immaginano in questo romanzo che cosa sarebbe successo nel mondo se più di un secolo fa fosse stato inventato il computer. Un'avvincente ricerca sul nostro passato alternativo.

KEROUAC JACK

Sulla strada

Classici moderni

I viaggi e gli incontri di due giovani attraverso gli Stati Uniti e il Messico. Il romanzo dell'amicizia e delle difficoltà dell'amore, del malessere e della rivolta, il "manifesto" di Kerouac (1922-69) amato dai giovani di tutto il mondo.

Angeli di desolazione

Scrittori del Novecento

Diario di nove settimane passate nel più assoluto isolamento sulla cima di una montagna come avvistatore di incendi. Estasi e inquietudini in altalena tra il Nulla della dottrina buddhista e l'incalzare della vita quotidiana, dell'avventura.

Big Sur

Scrittori del Novecento

Nel ritiro di Big Sur, sulle coste della California, lo scrittore-protagonista trascorre un'estate solitaria, attratto con tutti i sensi dalle voci mutevoli dell'oceano.

Il dottor Sax

Scrittori del Novecento

Storia di un'adolescenza fra i rigori dell'educazione cattolica e la lettura quasi morbosa dei fumetti.

I vagabondi del Dharma
Scrittori del Novecento

Le avventure dei beatnik attraverso i ritrovi fumosi del quartiere cinese di San Francisco, le montagne della California, le meditazioni notturne nei boschi, le orge sulle spiagge.

LEAVITT DAVID

Ballo di famiglia
Classici moderni

Tra feste di laurea e rituali di famiglie disgregate, storie di giovani omosessuali, donne disperate, madri malate: racconti freddi, ma teneri e divertenti, pieni di humour e di malinconia. Il libro-rivelazione del rappresentante della giovane narrativa americana.

Eguali amori
Scrittori del Novecento

Il dramma di una famiglia americana lacerata da contrasti che sembrano insanabili. Ritorna in questo libro uno dei temi più cari all'autore rivelatosi con *Ballo di famiglia*.

La lingua perduta delle gru
Scrittori del Novecento

Una famiglia di New York in crisi. Il tormentato percorso dei protagonisti tra scoperta e accettazione dell'omosessualità, il dramma dell'incomprensione e della solitudine nel primo, intenso romanzo dello scrittore, finalmente tradotto in italiano.

Un luogo dove non sono mai stato
Scrittori del Novecento

I rapporti interfamiliari, la scoperta dei sentimenti, l'esperienza del dolore precoce, le separazioni. Sono i temi cari a Leavitt che anche in questi racconti, ambientati tra New York e Roma, rispecchiano le realtà di vita di un'intera generazione.

MEDDA, SERRA & VIGNA

Nathan Never, investigatore del futuro

Bestsellers

Muovendosi in un futuro di enormi megalopoli dominate dalle multinazionali e dalla malavita organizzata, Nathan Never è un eroe moderno, un personaggio di quel fumetto d'autore in linea con Dylan Dog, Martin Mystère e Tex.

MILLER HENRY

Uccello pazzo (Crazy cock)

Scrittori del Novecento

La storia autobiografica, postuma, di un "triangolo" bizzarro: uno scrittore in erba sorprende la propria moglie a letto con un'altra donna, e ne rimane sconvolto. Il racconto di un'ossessione che sconvolse per anni il "dissoluto" autore dei Tropici.

NOLITTA GUIDO

Mister No, l'ultimo avventuriero

Bestsellers

Per tutti gli appassionati di fumetti e di avventure, le gesta di uno dei più famosi personaggi del fumetto. Mister No è in Amazzonia a combattere una micidiale guerra in difesa degli Indios e dell'ambiente.

NOLITTA – FERRI

Zagor contro il Vampiro

Bestsellers

Due speciali avventure del leggendario personaggio dei fumetti (quella del titolo e "Dharma la strega") creato dalla fantasia di Sergio Bonelli nel 1960, un eroe pronto ad affrontare qualsiasi pericolo per difendere i più deboli.

OATES CAROL JOYCE, TUTTLE LISA E ALTRE

Non solo con il rasoio

Bestsellers

Diciassette racconti horror scritti da donne, vere maestre del brivido. Una evidente quanto provocatoria dimostrazione che il genere non è appannaggio esclusivo degli uomini.

PLATH SYLVIA

La campana di vetro

Scrittori del Novecento

Esther, ragazza della media-borghesia, è incapace di accettare il compromesso con le leggi del comportamento imposte dalla società. Unico romanzo – autobiografico – della poetessa statunitense Sylvia Plath (1932-63), suicidatasi un mese dopo la sua pubblicazione.

ROBBINS TOM

Natura morta con Picchio

Scrittori del Novecento

Un'assurda e tenera lovestory tra una ex principessa e un ex dinamitardo, sullo sfondo i grandi problemi dell'umanità. Scrittore-culto delle nuove generazioni americane, Robbins è stato paragonato a Twain, Nabokov, Borges, Joyce.

ROUAUD JEAN

I campi della gloria

Piccola Biblioteca Oscar

Opera prima e Prix Goncourt 1990, il romanzo narra le vicissitudini di una famiglia della provincia francese nei primi anni del secolo: una storia singolare dai toni ironici e dolenti.

WINTERSON JEANETTE

Scritto sul corpo

Piccola Biblioteca Oscar

Una passione d'amore bruciante, un lungo viaggio nelle profondità del desiderio di una donna per un'altra donna. Il romanzo che ha imposto la giovane scrittrice inglese sulla scena internazionale.

«I mille volti di Diabolik»
di Angela e Luciana Giussani
Bestsellers Oscar Mondadori
Arnoldo Mondadori Editore

Questo volume è stato stampato
presso Mondadori Printing S.p.A.
Stabilimento NSM - Cles (TN)
Stampato in Italia - Printed in Italy

40008
2002